Il terzo cerchio

*Interazioni che portano
al raggiungimento dei risultati*

M A X I S A A C

A N T O N M c B U R N I E

Traduzione italiana a cura di
Ilaria Panuccio e Nicola Naddi

3Circle Partners

3Circle Partners lavora con aziende ed imprese che cercano di incrementare il proprio valore attraverso il raggiungimento di performance migliori e/o la massimizzazione dei propri investimenti in programmi volti al miglioramento continuo. Il nostro approccio personalizzato consente di accelerare il rendimento delle organizzazioni attraverso una forte leadership, una valida strategia, solidi processi interni mirati a ottenere un'esecuzione di qualità superiore e interazioni efficaci.

Ringraziamenti

Desideriamo ringraziare Sue Reynard, Ed e Janet Taylor, e Carole Johnson per il loro inestimabile contributo alla stesura di questo libro.

ISBN-13: 978-0-9969969-3-8

Stampato da 3Circle Partners negli Stati Uniti.

www.3circlepartners.com

Tel.: +1-416-481-0792

INDICE dei contenuti

Parte II: Efficacia del team e dell'organizzazione

PREFAZIONE

Consideriamo il caso di [Eckhard] Pfeiffer [il CEO di Compaq dal 1991 al 1998]. Gli esperti ritennero che il suo problema fosse legato a una visione e una strategia organiche. Il CdA di Compaq estromise Pfeiffer per mancanza di "una visione internet," secondo quanto affermato da USA Today. Stessa opinione anche secondo il New York Times: Pfeiffer fu costretto a presentare le dimissioni a causa di una "strategia che sembrava spingere la società in direzioni opposte."

Ma è stata una strategia imperfetta la vera colpa di Pfeiffer? Non secondo colui che è stato il principale artefice dell'estromissione di Pfeiffer, il presidente di Compaq, Benjamin Rosen. "Il cambiamento non riguarderà la nostra strategia di base, che riteniamo sia corretta, ma piuttosto l'esecuzione," affermò Rosen. "I nostri piani prevedono di accelerare il processo decisionale e rendere l'azienda più efficiente."

Non lo avreste mai capito leggendo i giornali o parlando con il vostro broker o studiando chissà quanti libri di business. Tuttavia, ciò che vale per Compaq vale per la maggioranza delle società in cui il CEO sbaglia. Nella maggior parte dei casi – che noi stimiamo essere intorno al 70% - il vero problema non è costituito dagli errori strategici di cui gli esperti amano parlare.

Si tratta piuttosto di una cattiva esecuzione.

Estratto da "Why CEOs Fail"
Ram Charan e Geoffrey Colvin
Fortune 6/21/1999

L'ARTICOLO DI Charan e Colvin, apparso su un numero del 1999 della prestigiosa rivista Fortune, è un richiamo per chiunque cerchi di migliorare le proprie capacità di leadership, indipendentemente dal fatto che si tratti di un manager in erba o un CEO navigato. Per anni, anzi per decenni, gli esperti ci hanno detto che le più importanti qualità di leadership erano legate alla capacità di mobilitare le "truppe" attorno ad una visione chiara e disporre di una strategia vincente. Il nostro compito era quello di comunicare con chiarezza il punto di arrivo, poi confidare sul fatto che i nostri dipendenti avrebbero trovato un modo per arrivarci. Come sottolineato da Charan e Colvin, sta diventando sempre più evidente, invece, che dobbiamo mettere quanto più possibile l'accento sull'implementazione.

Charan e Colvin sono tutt'altro che soli in questa convinzione. In un commentario successivo alla pubblicazione del loro articolo, ad esempio, il consulente Tom Curren ha illustrato il risultato di una ricerca, durata due anni, condotta da McKinsey and Company, che ha identificato i nove errori che stanno alla base dell'80% dei fallimenti dei progetti, anche significativi, di cambiamento organizzativo. Uno dei nove è la mancanza di focus sulla performance, un altro una strategia mediocre. I rimanenti sette sono tutti connessi ad aspetti di scarsa implementazione.

Rispondere alla domanda "Come"

Purtroppo, molti esperti sono riusciti solo a sottolineare il problema. Ci dicono quale è l'obiettivo (unire strategia *ed* esecuzione) ma non ci dicono come (vedere la Figura 1).

Figura 1: La chiave per il successo della leadership

Noi tutti vogliamo fondere strategia ed esecuzione.
La domanda è COME?

Per trovare la risposta bisogna leggere tra le righe. Citando ancora Charan e Colvin: "In che modo quindi i CEO finiscono per rovinare tutto? Più che altro, sbagliando nel collocare le persone giuste al posto giusto, con il conseguente fallimento di non riuscire a *risolvere i problemi delle persone* [il corsivo è nostro] in tempo." E Curren aggiunge: "Non sapendo distinguere tra un cambiamento guidato da una decisione o dipendente da un comportamento. Creare performance migliori richiede sempre un mix di decisioni (ad es. cambiamenti nel portafoglio clienti, posizionamento sul mercato, prezzi) e di comportamenti (modifica delle capacità manageriali, cultura). *Se non si comprende che il cambiamento basato sul comportamento richiede una mentalità molto diversa e differenti capacità di leadership, gli sforzi risulteranno quanto mai deboli* [il corsivo è nostro]."

In altre parole, la risposta sta negli aspetti comportamentali, e, più specificatamente, nel dare vita a interazioni efficienti in tutta l'organizzazione. Le interazioni efficienti sono il perno per lo sviluppo di strategie efficaci e l'esecuzione di tali strategie (vedere la Figura 2).

Figura 2: Il modello a tre cerchi Il comportamento come perno di strategia ed esecuzione efficaci

Creare comportamenti che promuovano apprendimento e crescita

Quello che noi sappiamo è che...

- La "qualità del pensiero" che confluisce nella *strategia* è influenzata dal tipo di *interazioni comportamentali* che si verificano all'interno dell'organizzazione. Ad esempio, una lotta di potere tra due importanti divisioni all'interno di un'organizzazione condiziona negativamente la qualità del livello di riflessione strategica e di impegno di quella stessa organizzazione. L'imposizione di una decisione da parte di un manager orientato al compito *("Task-oriented")* influenzerà la volontà da parte degli altri di eseguire il lavoro conseguente a tale decisione.

- La qualità e la sostanza delle *interazioni comportamentali* influenzeranno l'*esecuzione*. I pianificatori strategici esperti sanno che la *mancanza d'impegno e responsabilità ("lack of commitment")* all'interno di un'organizzazione (ciò che le persone scelgono di fare e di non fare) è una sfida all'implementazione di una strategia tanto grande quanto la qualità della strategia stessa.

- Anche le aziende che pongono l'accento sull'esecuzione spendono molto più tempo a identificare **gli elementi fisici del cambiamento** (acquistare nuove apparecchiature, definire nuovi processi, sviluppare nuove moduli) rispetto a pensare alle **implicazioni comportamentali** di tale cambiamento. Raramente ci soffermiamo ad analizzare l'impatto del cambiamento sulle persone ("a chi verrà richiesto di cambiare il modo in cui lavora?") od a sviluppare piani specifici per aumentare il *"commitment"* ("come possiamo coinvolgere gli altri nel contribuire alle modalità di realizzazione dei nuovi cambiamenti?"). Invece, le nuove prassi vengono semplicemente scaricate nell'organizzazione con la speranza inconfessata che tutto vada bene.

Se una strategia non è allineata con esecuzione e comportamenti altamente funzionali, allora quasi ogni iniziativa è destinata ad un successo limitato. Questa resistenza al "capriccio del mese" è una risposta naturale alle iniziative di tipo *"top-down"* che non riscuotono alcun consenso nell'organizzazione. Una mancanza di consenso è, a sua volta, un sintomo di disattenzione a ciò che influenza il comportamento nell'organizzazione stessa. Invece di ottenere coinvolgimento e impegno (*"commitment"*) intorno alla loro grande idea, i leader finiscono con l'ottenere condiscendenza (*"compliance"*) e resistenza passiva; affinché un'iniziativa diventi "il modo in cui si fanno le cose qui" occorre l'integrazione di tutte e tre le componenti della struttura.

Che cosa determina il comportamento?

Un manager entra nell'ufficio del vice presidente con una cattiva notizia: le vendite sono scese per il secondo trimestre di seguito. Sono molteplici i fattori che contribuiscono al modo in cui il vice presidente reagisce a questa situazione — il suo *comportamento* di leadership — e a far sì che tale comportamento sia utile e funzionale a far andare avanti l'organizzazione. Oltre a quelli di base, quali la conoscenza delle forze di mercato che possono aver contribuito alla flessione, la reazione di questo vice presidente è anche influenzata da...

- *Convinzioni/atteggiamenti* riguardo alle persone in generale e a questo manager in particolare, a ciò che motiva le persone, a ciò che determina i risultati migliori

- *Il tipo di personalità*

- *Le norme aziendali* che creano aspettative sui comportamenti accettabili

- La *conoscenza* del modo migliore per raggiungere gli obiettivi personali e aziendali

- Le *capacità* nell'applicare tale conoscenza

Il fatto che il comportamento sia determinato da tutti questi fattori, rende difficile arrivare ad una semplice definizione di ciò che è o dovrebbe essere la leadership. Un approccio che funziona per una persona potrebbe non funzionare per un'altra. Ciò che è appropriato in una situazione o in un'azienda non necessariamente vale per un'altra.

Queste verità fondamentali sono alla base di questo libro. Non troverete un elenco di abilità di leadership che potete spuntare una per una come la lista della spesa; non troverete neppure un elenco di regole o linee guida che vi garantiranno il successo della leadership. Scoprirete invece come diventare più consapevoli del vostro comportamento in quanto leader e come sviluppare strategie più efficaci per gestire le sfide che la leadership vi pone ogni giorno.

Abbiamo diviso questo libro in due parti:

Parte I: Sviluppare la padronanza individuale nella leadership. Per aumentare la vostra efficacia di leader occorre iniziare dal comprendere i vostri punti di forza e dal mettere in luce i vostri lati ignoti, in modo da poter costruire sui primi e gestire o compensare i secondi. I Capitoli da 1 a 5 esplorano alcune strategie di base per migliorare le conoscenze e capacità di leadership, e preparano il terreno per il vostro lavoro personale sul miglioramento.

Parte II: Tradurre i successi individuali in efficacia organizzativa. Avere un'idea più chiara di cosa si desidera raggiungere come persona è un primo grande passo, ma da solo non è sufficiente per determinare il cambiamento. Per riuscire, occorre coinvolgere le persone che ci circondano non solo chiedendogli di fornirvi feedback su come vengono influenzate dal vostro comportamento, ma anche lavorando sulle loro stesse capacità in modo che l'organizzazione nel suo insieme possa diventare più efficace. I Capitoli da 6 a 8 esplorano il modo in cui le dinamiche di gruppo influenzano i comportamenti.

Nel corso degli anni, ci siamo stupiti di quanto spesso i leader, a qualsiasi livello, agiscano molto al di sotto del loro potenziale. Invece di creare energia e *"commitment"* intorno a loro, sono circondati da problemi che sembrano insolubili e restano impantanati in conflitti di personalità devastanti. In questo libro, esploriamo i fattori che vi impediscono di essere un leader di maggiore successo, e descriviamo modi specifici per poter creare un ambiente che promuova la crescita continua sia personale sia professionale.

Parte I

La necessità di raggiungere la padronanza individuale

INTRODUZIONE

UN RESPONSABILE ha appena chiesto ad un suo riporto diretto (Marsha) di lavorare al suo fianco all'elaborazione di un piano di sviluppo di un prodotto.Un buon lavoro potrebbe significare un avanzamento di carriera per Marsha; un lavoro insoddisfacente potrebbe ostacolare le sue possibilità di avanzamento.

Mettetevi nei panni di Marsha: siete galvanizzati da quest'opportunità; credete di poter offrire un buon contributo; avete un forte interesse nell'assicurarvi che il progetto riesca per ragioni personali e aziendali. Se foste al posto di Marsha, quale tipo rapporto di lavoro vorreste avere con il vostro capo per esser sicuri che il progetto riesca bene? Probabilmente finireste per stendere un elenco di questo tipo…

- Sia tu sia il tuo capo considerate il progetto come una priorità e vi concentrate sulle scadenze ed i risultati

- Il capo ti considera con rispetto e ascolta le tue idee

- Essere in grado di esprimere la propria opinione liberamente

- Condividere le conoscenze reciprocamente per raggiungere la migliore soluzione possibile

La maggior parte delle persone presenterebbe un elenco di questo tipo. E infatti, quando abbiamo chiesto a varie persone di scrivere esattamente questo tipo di elenco, abbiamo avuto somiglianze davvero sorprendenti.

Ma come noi tutti sappiamo, le relazioni tra i capi e collaboratori non sempre rispondono a questi criteri. E non puntiamo il dito: ad essere sinceri, molti di noi, guardandosi allo specchio, risulterebbero altrettanto deludenti nelle proprie prassi e comportamenti manageriali.

Se molti di noi condividono la visione di una relazione collaborativa ideale tra superiori e subalterni, perché tali relazioni si verificano così poco di frequente? È perché nel profondo siamo convinti che la collaborazione e il rispetto siano pie illusioni nel mondo reale? O è forse perché il modo in cui *crediamo* di comportarci è spesso diverso da quello in cui *effettivamente* ci comportiamo?

Scoprirete le risposte a queste domande nei seguenti capitoli. Sarete invitati ad affrontare i vostri modelli e presupposti mentali, e vi saranno forniti degli strumenti per affrontare le sfide della leadership. Questa sezione vi offre informazioni preliminari che vi saranno utili per comprendere la vostra storia e i vostri presupposti comportamentali, ed a sviluppare strategie per migliorare le vostre capacità.

— 1 —

Riconoscere i nostri lati ignoti
("Blind Spots")

All'inizio di un workshop di quattro giorni sulla leadership, il CEO di un'azienda produttrice di apparecchiature specializzate fu inserito in un gruppo di lavoro con la persona che riteneva essere la più brillante della propria società. Assolutamente convinto che il suo gruppo di lavoro sarebbe risultato il migliore, rimase sconcertato dopo il primo esercizio, scoprendo che il suo gruppo aveva ottenuto il punteggio più basso... e sbalordito quando la stessa cosa si ripeté più volte. Nel corso della settimana, era sempre più sconvolto: "Non capisco cosa sta succedendo," affermava ripetutamente. "Eppure dovremmo vincere."

Nessuno di noi capì effettivamente allora quanto fosse stata intensa l'esperienza del workshop per questo CEO, che credeva sinceramente che il modo migliore per ottenere buoni risultati fosse mettere insieme un gruppetto di persone in gamba. Ovviamente è stato colto alla sprovvista quando le persone che considerava "di secondo piano" hanno superato quelle che riteneva "di primo piano" lavorando insieme in modo più efficace per ottenere risultati superiori.

Pochi di noi sono estremi come questo CEO nelle proprie opinioni, ma noi tutti abbiamo convinzioni e modelli mentali che danno forma alle nostre percezioni. E noi *tutti* abbiamo dei lati ignoti che ci impediscono di essere leader più efficienti. Questo CEO ha mantenuto a lungo le sue convinzioni, finché non è stato improvvisamente messo a confronto con la dura prova che poteva essersi sbagliato.

Quale è il segreto per conoscere i propri lati ignoti? Possiamo fornire alcuni spunti attraverso il lavoro di Chris Argyris della Harvard University sui modelli mentali e il vero apprendimento.

I modelli mentali

Victor era un alto dirigente di una multinazionale con un fatturato di svariati miliardi di dollari. Aveva una forte necessità di aver sempre ragione. Ogniqualvolta qualcun altro arrivava con un'idea, Victor trovava il modo di negare la validità del punto di vista dell'altro. I suoi capi erano a conoscenza di questo problema: l'avevano mandato a frequentare corsi di formazione e gli avevano fornito numerosi input sul suo comportamento per tanti anni. Ma nulla era cambiato. Tutti gli sforzi per creare in Vittorio un briciolo di consapevolezza di sé erano falliti.

Gli eventi precipitarono quanto Victor divenne il responsabile di un importante programma di sviluppo strategico-commerciale e iniziò a riportare direttamente al CEO. Mentre in teoria era responsabile di tutti i coordinatori di divisione, costoro riportavano ancora ai loro capi di divisione e non a Victor. Di conseguenza, Victor avvertì che seppur ricevendo un certo grado di adesione ("compliance"), nessuno dei coordinatori faceva uno sforzo in più per garantire il successo di questa importante iniziativa strategica. Il primo impulso di Victor fu quello di chiedere al CEO di parlare con ciascuno dei coordinatori e chiedere uno sforzo maggiore, ma, poi, un collega lo convinse a seguire una strategia completamente diversa. Invece di fare ulteriori richieste e pressioni ai suoi coordinatori, Victor chiese loro di esprimersi sul suo comportamento. Convocò una riunione in cui disse, "Sento che non state facendo tutto quello che potreste... che non siete realmente motivati. C'è qualcosa che sto facendo come leader che vi impedisce di portare avanti l'impegno che avete assunto?" La successiva sincera discussione si dimostrò un vero spartiacque, un'esperienza di crescita per tutte le persone coinvolte. Il risultato fu una maggiore cooperazione ed efficienza tra tutte le divisioni. (Victor avrebbe, forse, potuto utilizzare parole migliori per formulare la sua domanda, ma come primo tentativo di invitare a fornire un feedback, non fu poi così male!)

Victor ottenne questo risultato perché, deciso a rischiare il cambiamento del suo ***modello mentale***, si interrogò interiormente sul perché quelle persone si comportavano in quel modo. All'inizio, era molto diffidente e credeva che i coordinatori cercassero deliberatamente di sabotare la nuova iniziativa aziendale con la loro disattenzione. Dopo averli ascoltati, capì che quei presupposti erano sbagliati, e dovette riconoscere che a volte aveva agito in modo da soffocare la loro creatività e da scoraggiarli a intraprendere qualsiasi iniziativa. La sua esperienza ci può insegnare molto su come i manager talvolta agiscono in modi contrari ai loro stessi scopi. Per dirla come Argyris, Victor è stato stimolato a passare dall'utilizzo dei *presupposti del Modello I ai presupposti del Modello II.*

Presupposti del Modello I

La sfiducia iniziale di Victor è una reazione classica, basata su ciò che Argyris chiama *presupposti del Modello I,* in cui le persone presumono di dover...

- Rimanere in una situazione di controllo unilaterale
- Vincere, non perdere
- Sopprimere i sentimenti negativi
- Enfatizzare la razionalità

Poiché presumeva di non potersi fidare delle persone, Victor elaborava strategie basate su...

- Controllo dell'ambiente e delle mansioni assegnate
- Controllo degli altri
- Protezione di se stesso e degli altri
- Controllo dell'accesso alle informazioni

Queste strategie tendono a produrre un atteggiamento difensivo e riducono l'apertura, in quanto il controllo unilaterale è intrinsecamente contrario a produrre un feedback valido. Involontariamente, Victor stava aiutando lo sviluppo di dinamiche aziendali che portavano le persone a...

- Gestire il conflitto evitandolo o sopprimendolo

- Dubitare di capi e pari livello

- Giocare sul sicuro; conformarsi piuttosto che sollevare domande e dubbi o lasciare spazio alla creatività

- Salvare la faccia

- Prendere parte a rivalità all'interno del gruppo tra vincitori e perdenti; competere invece di collaborare

- Fornire obbedienza senza discutere piuttosto che dare un consenso informato

- Non stimolare un feedback che metta genuinamente a confronto le loro azioni

- Evitare la prova pubblica (*"public testing"*) delle idee, cioè evitare di valutare le idee insieme agli altri (specialmente quelle che potrebbero essere importanti o minacciose)

Un ambiente dominato dai presupposti e comportamenti del Modello I origina comportamenti e soluzioni di problemi inefficaci. Poiché non vi è una discussione aperta sulle condizioni o le fonti dei problemi...

- Le sensazioni diventano profezie che si auto-avverano. (Se qualcuno non ha fiducia nelle persone, gli altri lo percepiscono e reagiscono negativamente nei suoi confronti. Ciò conferma la sfiducia del singolo. Alla fine, questa nozione è così fermamente radicata nel sistema comportamentale del singolo che è quasi impossibile modificarla.)

• Un'informazione valida è un bene raro; le persone saranno sincere solo su argomenti banali o problemi di scarsa importanza.

• Le persone hanno paura di superare i propri limiti o sono scoraggiate a farlo; l'apprendimento è limitato ad un ambito ristretto.

Le persone tendono a rimanere bloccate nelle loro prospettive ed a difendere le proprie posizioni, piuttosto che cercare di vedere le situazioni da un altro punto di vista.

Questi comportamenti improduttivi, con le relative conseguenze, sono il risultato del naturale *atteggiamento difensivo* che tutti noi sperimentiamo in certa misura. Tutti vogliamo difendere la nostra reputazione e temiamo di essere percepiti come inadeguati, specialmente quando la posta in gioco è alta. Ci sentiamo spinti a controllare il flusso di informazioni e ad evitare di essere esposti a critiche. Questi schemi di comportamento diventano così radicati che siamo completamente inconsapevoli del modo in cui affrontiamo le situazioni in cui dobbiamo risolvere dei problemi.

Presupposti del Modello II

Avendo avuto il coraggio di esporre se stesso e il proprio gruppo ad un dialogo aperto, Victor è stato in grado di guidare il suo gruppo verso un comportamento più efficace. Nel corso del tempo, le sue convinzioni di base si sono lentamente spostate verso quelli che Argyris definisce i *presupposti del Modello II*, in cui le persone ritengono:

- Di non sapere tutto
- Che input espliciti sono il modo migliore per prendere buone decisioni
  - Cercare diverse fonti di informazioni (persone e dati) è il modo migliore per ottenere informazioni valide
  - Le parti interessate dovrebbero essere invitate a contribuire alla decisione
- Che le conseguenze di una decisione non sono pre-ordinate
  - Pertanto le decisioni ed i conseguenti risultati devono essere monitorati e osservati per vedere se i presupposti erano validi e la linea di condotta efficace
- Che le persone sono intrinsecamente motivate a lavorare bene e a dare il proprio contributo
  - Il compito di un leader è quello di trovare il modo di incoraggiare l'impegno intrinseco per una decisione o linea di condotta

Questi presupposti possono evolvere solo se le persone superano il loro innato atteggiamento difensivo, e non avvertono più l'esigenza di proteggere il loro dominio o di vivere con la costante paura di non apparire perfetti. Coloro che seguono le teorie d'azione del Modello II producono dinamiche di gruppo e organizzative in cui:

- Le persone sono proprio agio nell'invitare gli altri a confrontare i propri punti di vista ed a sfidarli sui propri presupposti

- I punti di vista, le opinioni, le decisioni effettivamente cambiano in conseguenza del dialogo e di un esame di tutte le informazioni valide (compresi osservazioni, fatti e sentimenti)

- Le persone evitano la lettura della mente (presumendo di sapere che cosa pensano gli altri e perché); giungono alle conclusioni sulla base di dati osservabili
  - Le supposizioni sono condivise e apertamente discusse ("Stai dicendo questo perché...")

- Nuovi concetti sono sottoposti apertamente all'esame di coloro che li utilizzeranno

- Il controllo unilaterale è rifiutato
  - Coloro che sono interessati da una decisone sono coinvolti nel prenderla
  - A chi deve attuare una decisione o implementare una procedura si richiede di aiutare a definire, documentare e migliorare il proprio lavoro

- Le persone resistono alla tentazione di salvare la faccia a spese della produttività del gruppo

Se si utilizzano i valori e le strategie comportamentali appena sottolineati, il grado di atteggiamento difensivo negli individui, all'interno del gruppo, tra gruppi e all'interno dei gruppi diminuirà. La libera scelta aumenterà, così come il senso del proprio impegno e contributo. Di conseguenza, i problemi saranno risolti in modo tale per cui a) rimangono risolti in maniera duratura, e b) le persone sono entusiaste di partecipare a futuri sforzi volti a risolvere problemi.

Un leader che agisce alla luce del Modello I, per contro, verosimilmente ignorerà le idee, conoscenze e/o esperienze degli altri per la risoluzione di un problema. La "soluzione" pertanto trascurerà fattori importanti - aumentando le possibilità che il problema si ripresenti - e le persone coinvolte nella sua risoluzione ne dedurranno che i loro sforzi ed energie non sono dopotutto veramente apprezzati.

Apprendimento a senso unico e a doppio senso

("Single and Double Loop Learning")

I risultati del comportamento del Modello II coincidono con la definizione di apprendimento di Argyris: *la capacità di raggiungere gli obiettivi a cui miriamo e di risolvere i problemi che intendiamo risolvere in modo tale che la soluzione sia permanente.*

Questa definizione è molto più rigida rispetto all'utilizzo tipico della parola "apprendimento." Nel senso generale del termine, possiamo *imparare* a cucinare o andare in barca o a migliorare in generale leggendo un libro. Ma la lettura da sola non soddisfa i criteri di Argyris: non abbiamo raggiunto l'obiettivo di sapere effettivamente cucinare un piatto, di andare in barca a vela, o di produrre un miglioramento.

In un'ottica più ampia, molte organizzazioni si rivolgono a consulenti esterni per risolvere un problema... ma quando i consulenti se ne vanno, i problemi spesso si ripresentano in quanto *l'organizzazione* non ha imparato a risolverli da sola, in modo definitivo.

Il vero apprendimento, secondo Argyris, si manifesta con *cambiamenti osservabili* nel nostro comportamento, nei processi e metodi o modi di pensare. Richiede conoscenze ed esperienza. E quando "impariamo ad imparare," il risultato sarà una capacità immensamente maggiore di risolvere problemi complessi e critici in maniera collaborativa.

Argyris ha concluso che i presupposti del Modello I e del Modello II ed i conseguenti schemi di comportamento influenzano fortemente la quantità di apprendimento "vero" che si può verificare all'interno di un'organizzazione. Argyris descrive cicli di apprendimento molto diversi associati a ciascun modello, come illustrato qui di seguito.

Le persone che operano secondo il Modello I non si chiedono se i loro presupposti sono giusti o se dispongono di tutte le informazioni. Assumono un atteggiamento difensivo quando tali valori o opinioni sono messi in discussione. Pertanto agiscono e apprendono unicamente *entro i confini dei loro valori e dei loro presupposti e percezioni che non vengono testati in alcun modo*. Ciò conduce ad una risoluzione dei problemi e ad un processo decisionale inefficaci, che provoca il ripetersi degli errori.

Questo ciclo si verifica perché l'atteggiamento difensivo associato al comportamento del Modello I conduce a ciò che Argyris definisce **apprendimento a senso unico** *("single-loop learning")*: prendere decisioni unicamente sulla base delle proprie opinioni e conoscenze, senza strumenti oggettivi per sapere se stiamo ignorando informazioni importanti. L'apprendimento del Modello I (a senso unico) è pertanto un comportamento veramente *anti*-apprendimento:

- Le cause alla base dei problemi rimangono nascoste e spesso non vengono discusse; la soluzione di problemi legati a questioni tecniche o interpersonali è inefficace.

- La verifica pubblica delle idee è nulla o trascurabile: i problemi non solo non vengono discussi, ma le singole persone non pongono domande per verificare i loro presupposti o le loro conclusioni.

- Il feedback fornito o ricevuto dai singoli quando interagiscono è molto limitato.

Un aspetto particolarmente dannoso di queste dinamiche è che chi agisce secondo la modalità del Modello I non è consapevole delle conseguenze negative del proprio comportamento. Pur affermando valori che sembrano quelli del Modello II (*teorie adottate*), le loro azioni (*teorie messe in pratica*) corrisponderanno perfettamente al Modello I, con una totale inconsapevolezza di questa contraddizione.

Per contro, i presupposti del Modello II creano ciò che Argyris definisce un *apprendimento a doppio senso ("double-loop learning")*. Le persone che agiscono secondo il Modello II partono dal presupposto di *non* avere tutte le risposte e sono quindi aperte a ricevere input, in particolare riguardo a come il proprio comportamento influenza il raggiungimento o il mancato raggiungimento dei risultati voluti. Incoraggiano il dialogo, favoriscono l'esposizione di problemi radicati, ricorrono a discussioni aperte e sincere per andare a fondo delle cause che stanno alla base dei problemi, e invitano gli altri a trovare soluzioni permanenti.

La differenza tra apprendimento a senso unico ed a doppio senso è come la differenza tra controllare un termostato e un bambino di due anni. Un termostato non metterà mai in discussione la temperatura impostata, mentre un bambino di due anni metterà *sempre* in discussione i vostri presup-posti!

Quando l'atteggiamento difensivo diventa una barriera troppo grande

Tutti noi abbiamo un innato atteggiamento difensivo, un desiderio di proteggere noi stessi da situazioni o conseguenze spiacevoli, di essere certi di apparire sempre nella luce giusta. Molte persone sono in grado di superare i limiti che questo atteggiamento difensivo pone alla loro abilità di avere successo come leader, semplicemente essendo consapevoli che questo aspetto esiste ed è da mettere in conto, dimostrandosi aperte ai feedback, e, soprattutto, essendo disposte a mettersi alla prova con nuovi comportamenti.

Per alcune persone, tuttavia, specialmente coloro che agiscono in condizione di iper-attivismo per gran parte del tempo, gli schemi comportamentali sono radicati così in profondità da avere difficoltà ad elaborare nuovi modi di pensare, pur sapendo che il problema esiste. Altri ancora non riescono neanche a riconoscere quanto il loro comportamento ostacoli il loro successo personale e professionale. Esplorare le radici dell'atteggiamento difensivo non è oggetto del presente libro. Se desiderate saperne di più, vi consigliamo di leggere le opere di Albert Ellis, Aaron

Beck e altri studiosi di primo piano della psicologia cognitiva comportamentale.

Superare i propri limiti

I leader che basano le loro azioni sui presupposti del Modello I e prendono decisioni senza ascoltare veramente gli input degli altri, saranno sempre limitati dalla loro diffidenza e ristrettezza di vedute. Le persone che invece iniziano a muoversi verso il modo di pensare del Modello II e dell'apprendimento a doppio senso, potranno con più facilità mettere a nudo le cause alla radice dei problemi e saranno in una posizione migliore per comprendere come loro, i loro processi mentali e i loro comportamenti incoraggino o ostacolino l'efficace risoluzione dei problemi.

Questo tipo di "esplorazione" è essenziale per l'efficacia e l'efficienza nelle organizzazioni di oggi. Con feedback migliori e più regolari, le persone impareranno veramente a riconoscere i propri errori e a vedere le opportunità di miglioramento. Il risultato finale sarà:

- Una maggiore efficacia nel processo decisionale e di policy-making

- Una maggiore efficacia nel monitoraggio delle decisioni e delle policy

- Una capacità superiore di risolvere i problemi

Riepilogo del capitolo 1

- *È impossibile per qualsiasi individuo essere pienamente consapevole dell'impatto del proprio comportamento.*

- *I nostri modelli mentali danno forma al nostro comportamento.*

- *I presupposti e i comportamenti del Modello I sono basati sulla sfiducia e sull'atteggiamento difensivo. Soffocano la creatività e conducono ad un apprendimento a senso unico in cui le persone sono limitate alle proprie percezioni.*

- *I presupposti e comportamenti del Modello II sono basati sulla fiducia. Creano apprendimento a doppio senso, che consente ai leader di oltrepassare i propri lati ignoti e trarre il massimo vantaggio dalle capacità, le conoscenze e la creatività di tutti coloro che li circondano.*

— 2 —
L'impatto degli stili di leadership

AD UN certo punto della vostra carriera, vi sarà sicuramente capitato di aver avuto a che fare con dei leader la cui priorità principale era che il lavoro fosse svolto. Probabilmente avete sentito una certa pressione (non del tutto negativa) affinché il lavoro fosse portato a termine, ma con ogni probabilità la vostra energia e attenzione sono state distolte dalla necessità di anticipare i pensieri del vostro capo in modo da essere sicuri di realizzare ciò che lui – o lei - voleva.

Oppure magari avete incontrato il leader esattamente opposto, così attento alle persone da sembrare che niente venga realizzato. Il criterio basilare di questo leader è accertarsi che tutti siano d'accordo su di una decisione o che l'ambiente di lavoro, in generale, sia piacevole. Nell'imminenza di una qualche scadenza di lavoro di cui voi siete preoccupatamente consapevoli, questo leader dirà, "Dove facciamo la festa di compleanno della collega Alessandra?"

Questi estremi illustrano due comportamenti base di leadership che furono descritti in studi di rilievo condotti dopo la

Seconda Guerra Mondiale presso la Ohio State University e la University of Michigan:

- *Comportamento orientato alla costruzione della struttura* – *"Initiating structure behavior"* (interesse per la produzione): il leader definisce chiaramente il proprio ruolo di leader e quello dei subalterni, traccia linee formali di comunicazione, e stabilisce il modo in cui ciascun compito deve essere eseguito.

- *Comportamento orientato alla considerazione verso gli altri* – *"Consideration behavior"* (interesse per le persone): il leader mostra interesse per i subordinati e tenta di stabilire un clima accogliente, amichevole e di sostegno.

Robert Blake e Jane Srygley Mouton svilupparono più in profondità queste idee prendendo in considerazione le interazioni tra le persone, ed in particolare come vengono esercitati il potere e l'autorità e come si risolvono i conflitti. I due autori si resero conto che i due tipi di comportamento — interesse per la produzione e interesse per le persone — non erano le estremità opposte di una linea continua, ma variabili indipendenti. Ciò significa che un leader può mostrare vari livelli di entrambi i comportamenti (la costru-zione della struttura e la considerazione) allo stesso tempo. Blake e Mouton hanno assegnato un punteggio da 1 a 9 per entrambi questi comportamenti, inquadrando i risultati nella loro classica Griglia Manageriale (vedere la Figura 3).

**Figura 3:
La Griglia Manageriale**

Il fatto che i due assi appoggino su una solida ricerca aggiunge considerevole credibilità alla Griglia Manageriale. Viene creata in questo modo una mappa di stili di gestione che definisce l'efficacia delle interazioni. Vengono qui presi in esame sei stili di gestione, che illustrano gli estremi sulla griglia (vedere la Figura 4). Cinque dei sei stili sono facilmente individuabili sulla griglia con codici numerici che riflettono la loro posizione su ciascuno degli assi; il sesto stile, come si vede, rappresenta una combinazione di altri due ed è pertanto illustrato con una linea tratteggiata.

Figura 4: Stili di gestione

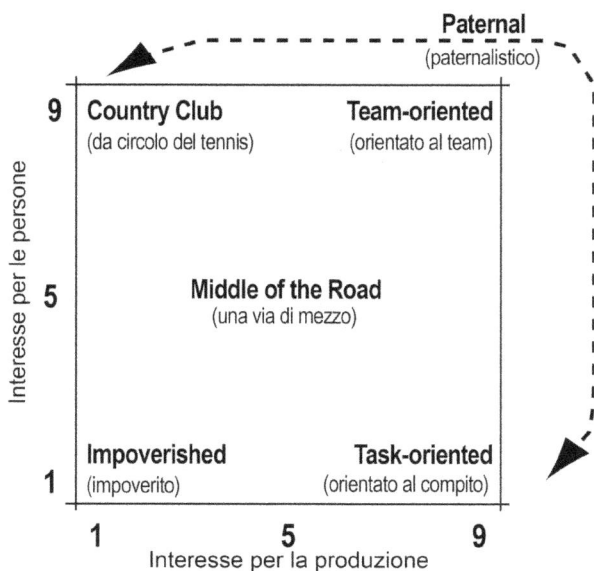

Per meglio confrontare e comprendere le differenze fra i diversi stili, esamineremo i quattro elementi standard della leadership per ciascuno stile:

1) Processo decisionale

2) Risoluzione dei conflitti

3) Bilanciare *"advocacy"* (l'affermazione delle proprie opinioni, cioè il cercare di far sì che gli altri comprendano il *proprio* punto di vista) e *"inquiry"* (la richiesta di informazioni per acquisire altri punti di vista, cioè il cercare di capire gli altri attraverso la formulazione di domande per acquisire informazioni e punti di vista)

4) Dare e ricevere feedback

In ciascuna categoria, sono riportati esempi basati su persone e comportamenti reali, anche se è da tenere a mente che questi sono stati scelti per descrivere gli estremi della griglia.

9,1 — Il Leader "Task-Oriented" (orientato al compito)

"Il Task Master"

Essendosi appena aggiudicato un nuovo contratto importante, un Phil euforico telefonò al suo capo, Renee, per comunicargli la notizia. "Ho delle notizie grandiose, Renee," disse. Un asciutto "Sì?" fu la risposta di ritorno. "Abbiamo chiuso il contratto!" Renza rimase in silenzio per un momento e poi disse, "Okay. Adesso devo tornare alla mia riunione." Phil agganciò il telefono con un senso di delusione.

Questa interazione era tipica di Renee. Pur essendo nota per il suo senso dell'umorismo al di

*fuori del lavoro, in ufficio non accettava distrazioni.
Se facevi capolino nel suo ufficio, era scontato che si
sarebbe infastidita per l'interruzione.*

Il comportamento di Renee è caratteristico di un manager il
cui interesse ricade nella posizione 9,1 sulla griglia: *elevato
interesse per la produzione* (che il lavoro sia svolto) e *scarso
interesse per le persone* (vedere la Figura 5).

Figura 5: Il Leader "Task-Oriented" (9,1)

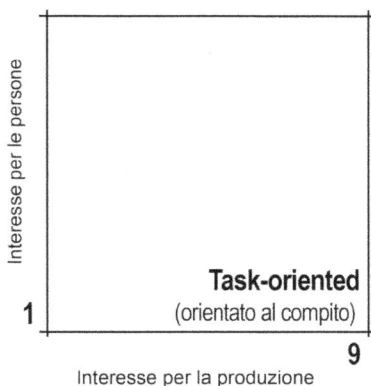

Questa attenzione al lavoro si manifesta in molti modi, evidenti o meno. Prendiamo ad esempio Fred. Come Renee,
era noto per essere una persona brillante, simpatica... ma al
di fuori del lavoro. Al lavoro aveva la fama di sferrare attac-
chi impietosi al personale più giovane, spesso in pubblico. A
Fred interessava solo una cosa: che il lavoro fosse svolto bene
(nel senso in cui lo intendeva lui). "Risultati ad ogni costo"
era il suo motto.

Lo scarso interesse per le persone mostrato dai leader come
Renee e Fred deriva dal presupposto che le persone devono
essere incalzate e "forzate" a lavorare, che non ci si può fidare

che lo faranno bene, e che esiste una contraddizione tra la necessità dell'organizzazione di raggiungere risultati e il desiderio dei dipendenti di lavorare in un'atmosfera rilassata, collaborativa e congeniale. Per un manager 9,1 essere troppi 'morbidi' con le persone è il modo più sicuro per sabotare i risultati dell'azienda.

La necessità di raggiungere risultati e di mantenere il controllo è alla base di questo stile. I leader *"Task-Oriented"* vogliono fare le cose per conto loro o dirigere gli altri come pedine su di una scacchiera. Dato che hanno piuttosto chiaro in mente come le cose devono essere fatte, i dipendenti sanno che qualsiasi richiesta di input da parte di questi leader è superficiale, semplicemente pretestuosa.

Le persone che lavorano per tali individui imparano ad essere accondiscendenti e a "fare come dice il capo." Parecchi finiscono con l'essere molto rancorosi nei confronti di tali leader. Altri possono chiudersi in se stessi ed estraniarsi. Coloro che sono molto competenti e che possono scegliere di lavorare in un ambiente più consono, semplicemente se ne vanno. Nell'economia di oggi, questa perdita di capitale intellettuale può fare la differenza tra il successo e il fallimento di un'azienda.

Il fatto che le persone siano meramente accondiscendenti (*"compliant"*) e non coinvolte e impegnate (*"committed"*) nei confronti delle decisioni o delle iniziative è uno svantaggio importante della leadership di tipo 9,1 *"Task-Oriented"*, specialmente se lo stile orientato al compito diventa endemico di un'organizzazione. Nell'economia post-industriale, basata sulla conoscenza, in cui si opera al giorno d'oggi, è

fondamentale ottenere un impegno sincero e una responsabilità autentica da parte dei dipendenti. Le persone che si
sentono coinvolte saranno con ogni probabilità più interessate all'apprendimento e alla crescita, portando maggiore
energia nell'ambiente di lavoro, e rimarranno più a lungo
all'interno della stessa organizzazione.

I soggetti con caratteristiche imprenditoriali, sebbene dotati
di grande talento e brillantezza, sono soggetti a sviluppare
uno stile di gestione *"Task-Oriented"*, incentrato su comando
e controllo. Nelle prime fasi di crescita di un'azienda, questo
stile da "pesce grosso in uno stagno piccolo" può ancora rive-
larsi di successo, ma la letteratura in materia di management
dimostra ampiamente che con la crescita dell'azienda questi
individui brillanti non sono più in grado di controllare tutti
e l'organizzazione diventa destinata al fallimento. I fondatori
di società che dimostrano di essere saggi cercano manager
più equilibrati ed esperti nel gestire le risorse dell'organizzazione, individuando per se stessi un ruolo che utilizzi i
propri punti di forza esclusivi.

Relativamente alle dimensioni standard della leadership,
ecco come si comporta un leader *"Task-Oriented"*:

> ***Processo decisionale***: il capo ***"Task-Oriented"*** normal-
> mente prende tutte le decisioni, non è interessato
> ad avere il consenso... e poi si chiede perché l'im-
> plementazione è scadente. I subordinati perdono
> interesse nell'essere innovativi o creativi e assumono
> un atteggiamento di dipendenza verso il capo, che
> prende ogni decisione, o diventano rancorosi e, in
> casi estremi, ricorrono anche al sabotaggio.

2) ***Risoluzione dei conflitti***: i leader *"Task-Oriented"* tipicamente adottano un ***approccio vincente-perdente*** (*"win-lose"*) nell'affrontare il conflitto (in cui loro devono sempre *vincere*). **Reprimono** i conflitti relativi alle questioni di business, fiduciosi del fatto che sanno già che cosa è giusto. (Ironicamente, l'eliminazione di conflitti di business utili e sani è sostituita da una serie di conflitti che sorgono intorno a questioni di personalità.)

3) ***Bilanciare "advocacy" e "inquiry"***: i leader *"Task-Oriented"* difendono strenuamente le *loro* opinioni e mostrano poco interesse nell'opinione o nei ragionamenti degli altri. Dopotutto, perché una persona che ha le risposte giuste dovrebbe comprendere il punto di vista di qualcun'altro? Chiedere l'opinione degli altri sarebbe solo una perdita di tempo che dovrebbe invece essere utilizzato per lavorare.

4) ***Dare e ricevere feedback***: i leader *"Task-Oriented"* non sono aperti a ricevere feedback. Ma poiché hanno normalmente opinioni forti, offrono gratuitamente il loro "feedback"… normalmente in forma di aspra critica. La massima di un leader *"Task-Oriented"* è spesso "forte coi deboli, debole coi forti."

Riepilogo dei leader "Task-Oriented"

- *Ottenere risultati è l'interesse supremo.*

- *Vincere e avere ragione è molto importante. Dimostrare che l'avversario ha torto e "vincere" forzando gli altri alla sottomissione diventa il modus operandi caratteristico.*

• *Possono essere "taskmaster" molto esigenti.*

La nostra esperienza ci insegna che molti manager nordamericani che raggiungono alti livelli sono leader "Task-Oriented". Non è poi così sorprendente, dopo tutto, essendo guidati dal conseguimento dei risultati. La questione è a quale costo e fino a quale punto. I dipendenti possono esse spinti a raggiungere risultati nel breve termine, ma perderanno il loro impegno o le energie per mantenere quei risultati nel lungo termine.

1,9 — Il Leader "Country Club" (da circolo del tennis)

"Il bravo ragazzo"

Larry era proprio l'opposto di Renee e Fred: credeva che il modo migliore di gestire una società fosse mantenere felici le persone. Conosceva bene le storie personali e famigliari di tutto il suo staff, e chiacchierava ogni giorno con molti di loro. Il primo punto all'ordine del giorno nelle sue riunioni di staff era con ogni probabilità la programmazione del più recente "morale booster" piuttosto che la selezione di una nuova strategia.

Larry è l'archetipo del leader *"Country Club"* (nell'angolo in alto a sinistra della griglia, Figura 6, pagina successiva) che ha *scarso interesse per la produzione ed elevato interesse per le persone*. Un interesse profondo, quasi da missionario, per gli altri può impedire a questo tipo di leader di capire che queste nobili convinzioni non sempre si rivelano funzionali e li distolgono dai pressanti obiettivi e interessi del business.

Figura 6: Il leader "Country Club" (1,9)

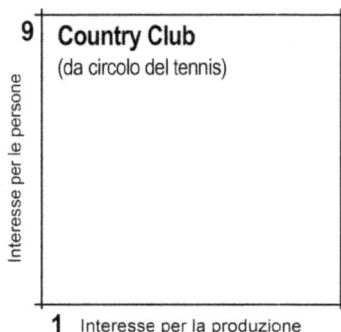

Poiché dimostrano un vero interesse per le persone, i leader di tipo *"Country Club"* sono normalmente visti come "bravi ragazzi". Ciò che non risulta immediatamente evidente è un presupposto insidioso alla base del loro comportamento: la convinzione che le persone siano fragili. Se gli altri sono fragili e hanno bisogno di essere protetti, non possono essere membri completamente indipendenti e operativi di un team o di un'organizzazione. Ecco perché un leader *"Country Club"* vede se stesso come un difensore o una barriera tra le "sue" persone e l'organizzazione.

Relativamente alle dimensioni standard della leadership, ecco come si comporta un leader *"Country Club"* 1,9.

1) *Processo decisionale*: per i leader 1,9 una decisione non è giusta finché tutti non sono d'accordo. Raramente prendono decisioni unilaterali, perché preferiscono concedere a tutti la possibilità di affermare le proprie idee, come mezzo per guadagnare consensi.

2) *Risoluzione dei conflitti*: normalmente, i leader con questo orientamento temono il conflitto (spezza l'armonia da famiglia felice che vogliono costruire) e tentano di *appianarlo*. Oppure ricorrono al senso dell'umorismo per deviarlo. I leader *"Country Club"* ridimensionano le questioni difficili e sottolineano quelle positive. Possono talvolta ricorrere anche ad attività alternative (come l'organizzazione di una festa) piuttosto che affrontare le questioni critiche. Per i loro collaboratori e in generale per il loro staff ne deriva in ultima analisi un'estrema frustrazione, in quanto le questioni di fondo non vengono mai affrontate.

3) *Bilanciare "advocacy" e "inquiry"*: la ricerca di informazioni nello stile di gestione *"Country Club"* tende ad essere superficiale. Porre domande serie che potrebbero mettere in dubbio le posizioni presentate da individui più assertivi o aggressivi viene evitato pur di mantenere l'armonia ed evitare un rifiuto. Allo stesso modo, i leader *"Country Club"* tendono ad evitare l'affermazione strenua delle proprie opinioni, in quanto non vogliono imporle al gruppo.

4) *Dare e ricevere feedback:* poiché i leader *"Country Club"* sono attenti ai bisogni e ai sentimenti degli altri, il feedback ha grande importanza, ma in genere

si limita ai sentimenti delle persone e a commenti superficiali: "Cosa te ne pare?" Volendo appianare i conflitti, non indagano sulle questioni controverse o delicate. Nel fornire un feedback, vogliono essere gentili, per apparire disponibili e non critici. Amano dare feedback positivi, dicendo alle persone quanto sono stupende ed evitando di dire se c'è un problema da affrontare.

Le riunioni dei manager di questo stile tendono ad essere sessioni in cui tutti si sentano bene (*"feel-good sessions"*), in cui l'accento è posto sulla creazione di un'atmosfera famigliare, accogliente, motivazionale.

Questo stile di leadership, in cui si desidera che le persone si sentano bene, evitando gli argomenti difficili, crea dinamiche di gruppo patologiche. Poiché l'armonia del gruppo va avanti a tutto, le persone difficilmente avanzeranno anche le pur minime critiche nei confronti degli altri membri. Davanti ad un feedback negativo o ad una scarsa performance, un leader o un gruppo *"Country Club"* **"esternalizzano"**, attribuendo la colpa del problema a **fattori esterni.** (L'esternalizzazione è comune in tutti gli stili della griglia manageriale, ma spesso è più evidente nell'orientamento *"Country Club"*.)

La sensibilità del leader *"Country Club"* può essere abbinata al bisogno di approvazione e al timore del rifiuto. (Questo approccio si contrappone a quello dei leader *"Task-Oriented"*, in cui c'è poca considerazione per le reazioni degli altri, perché l'importante è che il lavoro sia portato a termine. Per il leader *"Country Club"*, essere accettato è molto più importante.)

Riepilogo dei leader 1,9 "Country Club"

- *Armonia e sentimenti positivi sono al primo posto.*

- *I problemi delle persone vengono prima delle questioni di business o di uno specifico compito.*

- *È probabilmente "iper-sensibile" e i conflitti lo mettono in agitazione.*

Un leader "Country Club" rinvia spesso ai capi o ad altre persone con autorità, invece di difendere direttamente le proprie convinzioni o sostenere il proprio staff. Abbinato ad un approccio protettivo verso i subalterni, il risultato è un ambiente di lavoro non stimolante, addirittura soffocante. Le persone possono arrivare ad annoiarsi, provare frustrazione o perfino rancore.

9+9 — Lo stile "paternal" (paternalistico)

"Papà (o Mamma) ne sanno di più"

Jessica era orgogliosa di essere riuscita a far carriera nel settore delle vendite della sua azienda grazie solo a se stessa. Pur non avendo finito gli studi universitari, doveva la sua brillante carriera al suo duro lavoro e alla sua perseveranza. Se vi foste aggirati in uno dei tanti negozi che espongono i prodotti della sua azienda, Jessica vi avrebbe chiesto in tono aggressivo: "Vedi l'espositore in questa corsia? Cosa c'è di sbagliato?" E avreste saputo fin da subito che lei aveva già la risposta giusta.

A causa di questo atteggiamento, Jessica veniva tenuta in disparte dai suoi dipendenti, ma a lei faceva piacere: era come essere su un piedistallo. Allo stesso tempo, era molto protettiva verso i "suoi": chi le dimostrava lealtà, sicuramente ne riceveva a sua volta.

Ad una certa distanza, Jessica potrebbe sembrare il leader ideale: dimostra un forte interesse per l'esecuzione del lavoro (come un leader *"Task-Oriented"*) ma anche molta premura e interesse per le persone. Il problema, tuttavia, è che la sua premura è mitigata: come un manager *"Country Club"*, ritiene che le persone siano fragili e necessitino di protezione. Questa combinazione di orientamento al lavoro e di interesse per le persone del tipo *"Country Club"* corrisponde al profilo del leader paternalistico. (Un caso questo in cui non possiamo inchinarci alle pari opportunità: *paternalistico* ha una connotazione molto diversa sia da *materno* che addirittura da *genitoriale*.)

È difficile tracciare un ritratto del leader paternalistico sulla griglia manageriale, poiché non *combina* effettivamente un elevato interesse per le persone e per la produzione, ma tende piuttosto a mantenere i due estremi in bilico, come indicato nella Figura 7 (da qui la strana indicazione di "9+9" associata a questo stile).

Figura 7: Il leader "Paternal" (9+9)

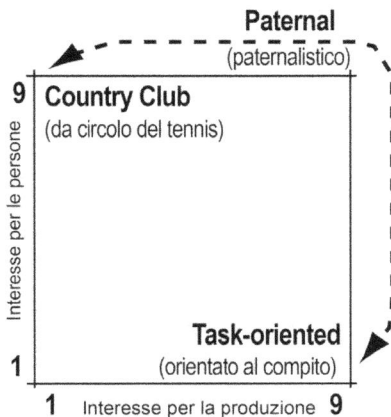

È relativamente facile distinguere un puro leader *"Task-Oriented"* dall'orientamento del "Paternal" che è più premuroso, ma che, allo stesso tempo, esercita un forte controllo. Le intenzioni di un individuo *"Task-oriented"* sono molto chiare. Si sa sempre da che parte sta: "O come dico io o quella è la porta." Lo stile paternalistico ha una connotazione manipolatrice. Il leader paternalistico alterna benevolenza alla *"Country Club"* e un atteggiamento di controllo del tipo "Lo so meglio io come si fa" che tende a porre il capo su un piedistallo e a far sentire i subalterni dei bambini. (Questo atteggiamento è anche in contrasto con un vero 9,9 orientato al team o *"Team-Oriented"*, descritto in seguito, caratterizzato da un approccio adulto-adulto, in cui si ricorre ad un autentico rispetto per l'individuo per concentrarsi sul raggiungimento dei risultati, attraverso una reciproca collaborazione.)

Per quanto concerne le dimensioni standard della leadership, ecco come si comporta un leader paternalistico 9+9:

1) Processo decisionale: il capo paternalistico prende la maggior parte delle decisioni. Avendo già determinato la migliore linea di condotta (l'elemento controllante della relazione), è capace di fornire incoraggiamento e consigli in modo cordiale affinché le persone si convincano a metterla in pratica.

2) Risoluzione dei conflitti: Il leader paternalistico esercita un controllo spesso subdolo sul conflitto, tendendo a reprimerlo come il leader *"Task-Oriented"*. La differenza è che il leader paternalistico lascia che i subalterni discutano tra loro, solo per inserirsi alla fine e, come un padre benevolo, risolvere la discussione. Uno schema comune di comportamento è quello di rinnegare un suo collaboratore nel caso in cui il conflitto continui. Tra un leader paternalistico e i suoi subalterni si sviluppa a volte un rapporto del tipo "bastone e carota".

3) Bilanciare "advocacy" e "inquiry": Jessica dimostrava un tipico schema paternalistico caratterizzato da una falsa *"inquiry"*, cioè da un falso interesse per le opinioni degli altri sulle questioni di lavoro, ponendo infatti domande di cui conosceva già le risposte. In questo modo, è quasi scontato che l'altra persona fornirà una risposta sbagliata, dando occasione al leader paternalistico di correggerla e di consolidare l'idea che lui/lei sa tutto. (I leader paternalistici fanno ricorso ad una vera richiesta di informazioni solo per questioni che non sono di business, dimostrando interesse per le persone e chiedendo della loro vita personale.) Nel difendere la propria posizione (*"advocay"*), i capi paternalistici spesso riportano opinioni come se fossero fatti. Questo schema di dialogo può intimorire molto, inducendo un senso di inferiorità in chi non ha fiducia nel proprio punto di vista. Spiegando ad oltranza e ripetendo il proprio punto di vista, i leader paternalistici si assicurano che i subalterni "abbiano capito."

4) ***Dare e ricevere feedback***: i leader paternalistici ritengono che sia parte del loro lavoro fornire feedback correttivi ai subalterni, ma non hanno motivo di credere che questi ultimi possano a loro volta dare input utili a *loro*. Il feedback è pertanto unidirezionale, sempre discendente *da* loro, mai ascendente *verso* di loro.

L'abbinamento di *"Task-Oriented"* e *"Country Club"* è letale. Le persone che riportano a capi paternalistici diventano sempre più dipendenti. Esitano nel compiere azioni fino a quando non abbiano ricevuto l'approvazione del capo. Vogliono evitare di dispiacere al capo. Questo soffoca i loro pensieri autenticamente indipendenti e porta ad un comportamento imitativo. Come per la leadership puramente *"Task-Oriented"*, la gestione paternalistica crea spesso una dinamica orientata all'opinione del capo, in cui i subalterni imparano a dire al capo quello che vuol sentirsi dire.

Questo ambiente soffocante è ulteriormente appesantito dalla capacità del capo paternalistico di indurre il senso di colpa. Quando un subalterno esce dal seminato, il senso di colpa viene indotto in modo palese o celato, trasmettendo disappunto, sentimento che a sua volta rafforza negli altri la necessità di assecondare il pensiero del capo.

Riepilogo dei leader 9+9 "Paternal"

- *Il leader paternalistico si distingue per l'oscillazione (come un pendolo) tra interesse per l'esecuzione del lavoro e il desiderio che le persone siano d'accordo con le sue decisioni (che sono garantite dal marchio di qualità "Paternal Leader").*

- *In genere, il leader paternalistico è molto sensibile alla mancanza, percepita, di lealtà. Ciò può essere abbinato ad un approccio "famigliare", in cui i valori, così come definiti dal capo, vengono sottolineati. In quanto leader paternalistico, Jessica è incline a trattare bene coloro che le obbediscono e sono accondiscendenti (comportamento meritevole che lei apprezza), mentre è dura con chi manifesta resistenza, disaccordo o non mostra la giusta deferenza.*

- *Seguire il modo di pensare del capo diventa così automatico che chi lo fa è spesso inconsapevole che ciò stia accadendo. Non è raro sentire un capo paternalistico lamentarsi che i propri validi collaboratori continuino a chiedergli conferma o non si assumano rischi. Quasi come un genitore iperprotettivo può ostacolare la crescita di un bambino, un leader paternalistico limita lo sviluppo dei subordinati, in ultima analisi suscitandone risentimento.*

1,1 — Lo stile "Impoverished" ("impoverito")

"Stare lontano dalla prima linea"

> *A tutti sarà capitato di incontrare persone come Chuck. Un tempo era uno dei preferiti del CEO ed era cresciuto molto nell'organizzazione. Poi, all'arrivo di nuove persone, lentamente perse il favore e iniziò a perdere quota e potere. Oggi, non ha alcun autorità effettiva, nessun interesse per la produttività né per le persone. Cerca solo di sopravvivere fino al pensionamento.*

L'elemento motore del leader impoverito (*"Impoverished"*) 1,1 (vedere la Figura 8) è la pura sopravvivenza; l'interesse principale è mantenere un posto nell'organizzazione fino al momento di andarsene o quando l'ambiente cambierà.

Figura 8: Il leader "Impoverished" (1,1)

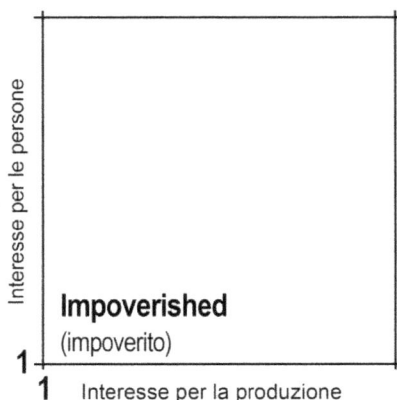

Il fenomeno della leadership "impoverita" si verifica spesso in due circostanze:

1) *Come conseguenza di una riorganizzazione aziendale o di licenziamenti.* È molto facile passare dal tipo di dipendenza generato dalla gestione paternalistica ad una mentalità di sopravvivenza, quando il proprio lavoro è minacciato. Nel corso degli anni, l'autostima di molti arriva a dipendere dall'organizzazione. Nell'inesorabile mondo di oggi, queste persone ricorrono ad una facile scappatoia, e cioè gestendo la loro vulnerabilità con il diventare dipendenti dal problema. Agiscono in termini di sopravvivenza, con scarso interesse per la produttività e per le persone.

2) *Come reazione ad una cultura fortemente orientata al compito ("Task-oriented").* Un capo decisamente orientato al compito provoca nei subalterni reazioni prevedibili. Gli individui con personalità forte se ne vanno; chi è insicuro o suscettibile alle reazioni di co-dipendenza rimane. Quelli che rimangono, sono spesso emotivamente portati ad adottare una strategia di sopravvivenza "impoverita". In questo scenario, la condiscendenza è portata al suo estremo.

In termini di dimensioni standard della leadership, ecco come si comporta un leader "impoverito" (*"Impoverished"*) 1,1:

1) *Processo decisionale*: le persone che agiscono a livello 1,1 detestano portare l'attenzione su di sé o assumersi responsabilità. Il punto fondamentale qui è

quello di non essere coinvolti. Raramente prendono in mano le redini di una decisione o chiedono agli altri di essere coinvolti nel processo decisionale.

2) *Risoluzione dei conflitti*: il coinvolgimento di qualsiasi tipo, incluse le situazioni di conflitto, viene *evitato*.

3) *Bilanciare "advocacy" e "inquiry"*: se l'obiettivo di una persona 1,1 è passare il più possibile inosservata, non desidererà conoscere sentimenti, idee od opinioni degli altri. Analogamente, sarà riluttante a prendere posizione su qualsiasi cosa, preferendo spesso rinviare le questioni, per timore dei risultati eventualmente negativi che potrebbero essere determinati dalle sue azioni o di poter essere ritenuto responsabile.

4) *Dare e ricevere feedback*: l'approccio qui potrebbe essere riassunto in due parole: "perché disturbarsi?" Molti dei leader 1,1 sono interessati alla sopravvivenza, non al miglioramento. Non si preoccupano di fornire feedback agli altri, né sono particolarmente interessati a ciò che potrebbero fare in modo diverso.

Alcuni leader impoveriti (*"Impoverished"*) si comportano in modo defilato come degli "imboscati", preoccupandosi di passare la giornata inosservati, sedendo in posizioni nascoste durante le riunioni, senza mai dire nulla di importante. Altri sono più destabilizzanti, pronti a lamentarsi di tutti e di tutto, usando qualsiasi strategia manipolatoria per mettere in crisi o interferire con il lavoro. È facile immaginarli come adolescenti ribelli: "Ma che stupidaggine! Non voglio più stare qui ad ascoltare certe cose!"

Riepilogo dei leader "Impoverished"

- *Interesse scarso o nullo per il raggiungimento dei risultati.*

- *Agisce senza entusiasmo.*

- *Può sembrare impegnato, ma l'attività che svolge non è diretta ad un lavoro importante per l'azienda.*

- *È probabile che appaia come una persona timida (un "topolino") o un dipendente problematico.*

Le persone che agiscono secondo lo stile "Impoverished" 1,1 sono normalmente sorprese dal loro livello di non coinvolgimento, probabilmente poiché spesso se ne liberano nel momento in cui se ne escono d'ufficio e diventano persone attive e coinvolte in altre attività (hobby, interessi civici, volontariato, ecc.).

5,5 — "Middle of the Road" (una via di mezzo)

"Il compromesso è la risposta giusta"

Strano a dirsi, una delle principali caratteristiche dei manager *"Middle of the Road"* è che nessuno si lamenta di loro! Prendiamo l'esempio di Tonya.

Durante una sessione di feedback con Tonya e altri manager, nessuno sa suggerirle come potrebbe migliorare. Tonya è considerata molto brillante, premurosa e totalmente affidabile. I limiti del suo stile, però, vengono alla luce scavando un po'. Sebbene molto rispettata, Tonya non era considerata fonte d'ispirazione. Andava sempre sul sicuro, cavandosela con un "abbastanza bene" e senza mai sostenere energicamente un'idea. Così se non vi è dubbio che fosse un leader competente e benvoluto, non era realmente così efficace come avrebbe potuto essere nell'ottenere il massimo dal suo staff, né progrediva nella carriera quanto avrebbe potuto.

Mouton e Blake e altri hanno studiato i comportamenti in ambiti organizzativi utilizzando la griglia come cornice e hanno collegato l'orientamento *"Middle of the Road"* (5,5; vedere la Figura 9) ad un profilo alquanto familiare, quello della "persona dell'organizzazione", colui che ha imparato a vivere all'interno di un sistema e a giocare le mosse politiche necessarie per sopravvivere. In termini di griglia, l'individuo della via di mezzo (*"Middle of the Road"*) ha appreso a *compensare* le esigenze della produttività con quelle delle persone, piuttosto che *integrarle* come prevede l'orientamento al team (*"Team Leadership"* o 9,9).

Figura 9: Il leader "Middle of the Road" (5,5)

Relativamente alle dimensioni standard della leadership ecco come si comporta un leader 5,5 (*"Middle-of-the-Road"*):

1) ***Processo decisionale***: andare sul sicuro è il segno distintivo del processo decisionale 5,5. Questi leader sono veloci ad utilizzare metodi meccanici di decision-making (quali la votazione) per evitare le tensioni che potrebbero derivare da un conflitto costruttivo come parte del processo decisionale (vedere sotto). Nelle decisioni relative all'individuazione degli obiettivi, spesso adottano un approccio progressivo e incrementale: "Quale possiamo considerare un obiettivo che faccia contento il capoufficio? Un incremento degli utili del 10% dovrebbe funzionare", invece di cercare di capire le reali capacità di un gruppo di lavoro e di definire obiettivi tali da motivare le persone.

2) ***Risoluzione dei conflitti:*** alla radice di questo orientamento c'è il ***compromesso*** come metodo per ***evitare*** il conflitto. Non appena il conflitto diventa scomodo, il leader *"Middle of the Road"* cerca il compromesso o utilizza metodi meccanici, quali la votazione, per giungere ad una veloce risoluzione.

3) ***Bilanciare "advocacy" e "inquiry":*** l'interazione tende a rimanere ad un livello superficiale nell'orientamento 5,5. Si può incuneare una gentilezza che priva il team del suo dinamismo. Ci sarà un certo livello di affermazione delle proprie idee e di richiesta di informazioni, ma mancherà quella incisività che invece è evidente nell'orientamento 9,9.

4) ***Dare e ricevere feedback***: il leader 5,5 cercherà di bilanciare i feedback negativi e positivi, spesso inframezzandoli come stesse preparando un sandwich, dando cioè un commento positivo prima del feedback

negativo. Chi riceve questo tipo di feedback, impara presto a riconoscere questo aspetto dello stile 5,5 e aspetta sempre il bastone dopo la carota.

La nostra esperienza personale nel cercare di identificare l'orientamento della via di mezzo (*"Middle of the Road"*), suggerisce che potrebbe essere connesso ad un disagio molto elevato nelle situazioni di conflitto. Gli individui con questo orientamento desiderano effettivamente raggiungere dei risultati, ma il desiderio è mitigato dal disagio provocato da quelle situazioni in cui la difesa di forti convinzioni o posizioni potrebbe condurre al conflitto. Un manager che utilizza questo stile cerca di raggiungere un equilibrio sulla base della convinzione di dover "cedere un po' per ottenere qualcosa." Ad esempio, quando cerca di far incontrare le esigenze di tutte le parti coinvolte in un processo di definizione del budget, un manager *"Middle-of-the-Road"* definisce obiettivi di budget che soddisfino lo staff corporate, senza al contempo urtare il management della business unit.

In alcuni casi, gli individui *"Middle-of-the-Road"* scivolano nello stile 5,5 dopo essere stati influenzati dalla cultura dell'ambiente in cui hanno lavorato (ad esempio la burocrazia). Dopo aver iniziato come nuovi dipendenti con un enorme entusiasmo, diventano lavoratori annoiati, "vecchi"; un cambiamento che si insinua impercettibilmente nel tempo. Una volta avvertito di questa situazione, un manager 5,5 può essere motivato ad un maggiore dinamismo.... Purtroppo, tali risultati sono spesso effimeri, in quanto la persona di solito cerca la tranquillità dell'equilibrio.

Riepilogo dei leader 5,5 "Middle-of-the-Road"

- *Chi rientra in questo orientamento cerca sempre di creare un equilibrio, con il costante sforzo di non agitare troppo le acque e mantenere lo status quo.*

- *Un approccio del tipo "la sicurezza prima di tutto" caratterizza il fatto che il 5,5 si trova a proprio agio in una situazione di status quo.*

- *Le persone con questo orientamento vengono talvolta considerate dotate di un sottile istinto politico.*

9,9 — Il leader "Team-Oriented" (orientato al team)

"Leader fatti di integrità e autenticità"

Se chiedete a chiunque nell'azienda di Miguel che cosa pensa di lui, praticamente tutti vi risponderanno che sta lavorando proprio bene. (Alcuni manager fortemente "Task-oriented" diranno che è troppo tenero.) In realtà, Miguel è per natura un leader carismatico 1,9 molto interessato alle persone che lavorano per lui. Di recente, dopo la sua

promozione a capo in seconda, tuttavia, ha rapida-
mente sviluppato una dedizione ugualmente forte
verso il business.

Per le persone è facile sostenere Miguel, non solo
perché dice cosa sia meglio per la società, ma anche
perché lo fa. Ad esempio, il CEO ha recentemente
minacciato di licenziare uno dei principali tecnici,
che si era comportato male. Sebbene a Miguel non
piacesse la personalità del tecnico, sapeva che era
di fondamentale importanza per portare in tempo
il prodotto sul mercato. Per cui si è intromesso per
risolvere il conflitto.

Se Miguel può avere una colpa, sono le sue
radici 1,9. È molto più probabile che parli al CEO
per risolvere la questione di una persona, piuttosto
che mettere in dubbio un presupposto o una decisi-
one di business. In generale, comunque, ai dipendenti
Michele piace e lo rispettano. Sanno sempre da
che parte sta, e possono affermare che le sue
azioni sono coerenti con le sue convinzioni profes-
sate. Lavora instancabilmente per l'azienda, ma si
interessa effettivamente molto anche alle persone
che lo circondano. Di conseguenza, ha un'autentic-
ità indefinibile che gli ha consentito di guadagnarsi
una straordinaria lealtà e impegno da parte dei
dipendenti.

A seguito della sua recente integrazione di maggior senso
degli affari (*"business acumen"*) con le sue già esistenti capacità di gestione delle persone, Miguel si sta avvicinando alla
posizione 9,9 sulla griglia manageriale (vedere la Figura 10).

Figura 10: Il leader "Team-oriented"

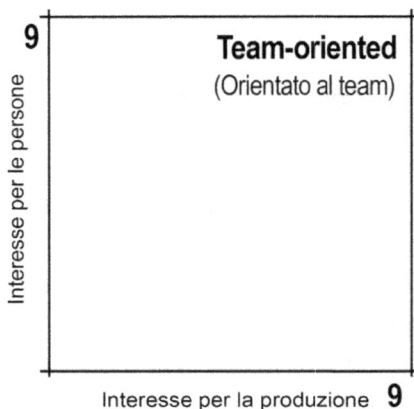

La sua storia è importante per molti aspetti:

- Innanzitutto, dimostra il modo in cui l'interesse per le persone può essere efficacemente combinato con l'interesse per la produttività, per raggiungere un orientamento 9,9 altamente efficace.

- In secondo luogo, mostra che ognuno ha bisogno di intraprendere un percorso diverso per diventare un leader 9,9 a seconda del punto da cui parte. Nel caso di Miguel, è stato necessario moderare il suo interesse per le persone e dare precedenza all'interesse per l'esecuzione del lavoro.

- In terzo luogo, Miguel è la prova che non solo *non è possibile* essere "perfetti" leader 9,9, ma che *non è neppure necessario* esserlo, per essere efficaci.

Ecco un altro esempio del terzo punto: una donna manager inizia come leader *"Task-oriented"* 9,1 fortemente aggressiva. Attraverso la formazione e la conoscenza dei contenuti della griglia e di altri principi di leadership, si convince a cambiare comportamento. Non perde mai del tutto l'atteggiamento tagliente e non riesce a diventare veramente brava per quanto riguarda "i problemi delle persone." Ma, pur essendo goffa nel trattare con gli altri, la sua premura e rispetto sinceri per i dipendenti e la dedizione per il lavoro le consentono di essere un leader molto efficace e parte attiva dell'organizzazione.

Al contrario dei leader 9,1 e 1,9, coloro che agiscono con un orientamento 9,9 non presumono alcuna contraddizione intrinseca tra gli obiettivi aziendali e le necessità delle persone. Il mantra del leader 9,9 è:

> *Il lavoro viene svolto da persone motivate, concentrate sui medesimi obiettivi, che hanno le capacità e gli strumenti per essere efficaci. L'interdipendenza attraverso una "posta in gioco comune" relativamente agli obiettivi aziendali porta a relazioni di fiducia e rispetto.*

Relativamente alle dimensioni standard della leadership, ecco come si comporta un *"Team-leader"* 9,9:

1) ***Processo decisionale:*** quando i leader attuano l'orientamento 9,9, diventano consapevoli del fatto che chi si trova in posizioni di controllo tende a sottovalutare la necessità di comunicare e coinvolgere gli altri nel processo decisionale. Il leader 9,9 capisce che una responsabilità molto importante di qualsiasi leader è quella di galvanizzare tutte le risorse disponibili per raggiungere decisioni di qualità che:
   - Coinvolgano coloro che sono interessati dalla decisione
   - Generino impegno ("commitment") piuttosto che condiscendenza ("compliance")

– Vengano prese in tempi adeguati alle esigenze della situazione.

2) **Risoluzione dei conflitti**: i leader orientati al gruppo (*"Team-oriented"*) riconoscono l'importanza di un sano conflitto per stimolare la creatività e far emergere le cause di fondo dei problemi. Gestiscono il conflitto apertamente e utilizzano tecniche di facilitazione efficaci volte a creare un ambiente in cui le persone possono essere sincere in merito a problemi e preoccupazioni. E' più probabile che i conflitti che insorgono riguardino differenze autentiche di opinione su questioni di business e non sulle persone o sulle personalità.

3) **Bilanciare *"advocacy"* e *"inquiry"***: un leader 9,9 vede l'affermazione delle proprie opinioni e la richiesta di informazioni come due fra le competenze più importanti, poiché solo raccogliendo informazioni dagli altri (*"inquiry"*) e affermando chiaramente la propria opinione o il proprio ragionamento (*"advocacy"*) le discussioni arrivano ad affrontare le questioni veramente importanti. Inoltre, una forte capacità di affermare le proprie ragioni e di richiedere informazioni aiuta a sviluppare l'apprendimento a doppio senso.

4) **Dare e ricevere feedback**: un leader decisamente orientato al team (9,9) eccelle nello stimolare un miglioramento continuo valorizzando la capacità di dare e ricevere feedback sinceri e aperti. Non solo invita al feedback, ma vi reagisce con azioni concrete (dimostrando con le sue azioni che tiene veramente in considerazione il feedback degli altri).

Riepilogo dei leader 9,9 "Team-Oriented"

I leader 9,9 sono l'antitesi del tipico leader guidato dal proprio ego. Fanno del loro meglio nei confronti delle esigenze dell'unità e/o del team di lavoro, cercando allo stesso tempo di ottenere i migliori risultati possibili. Questi atteggiamenti aiutano a trasmettere agli altri il desiderio di svolgere il lavoro nel miglior modo possibile. Gli autentici leader 9,9:

- *Invitano e incoraggiano sinceramente i feedback e vi rispondono in modo altrettanto sincero con le proprie azioni.*

- *Sono ben disposti a dare il proprio feedback agli altri in modo costruttivo.*

- *Promuovono il desiderio di far crescere continuamente gli individui e l'organizzazione.*

- *Cercano sempre soluzioni vincenti per tutti ("win/win").*

- *Considerano il sano conflitto come un ingrediente vitale per la creatività.*

- *Considerano i fallimenti un'opportunità di crescita.*

Griglia degli stili e apprendimento a senso unico

Un esame degli stili di leadership di Blake e Mouton e dei presupposti e comportamenti del Modello I e II di Argyris rivela che tra i due esistono molti punti in comune. Ad esempio,tutti gli stili della griglia (ad eccezione del 9,9) mostrano in una certa misura le assunzioni del Modello I:

- Rimanere in una situazione di controllo unilaterale

- Vincere, non perdere.

- Reprimere i sentimenti negativi.

- Enfatizzare la razionalità.

Anche le conseguenze di questi presupposti, che sono il prodotto di un atteggiamento difensivo che tutti abbiamo sperimentato in certa misura, sono presenti negli stili della griglia. Le persone che lavorano secondo gli stili *"Task-oriented"*, *"Country Club"*, paternalistico, "impoverito", o *"Middle-of-the-Road"* tendono a...

- Gestire il conflitto evitandolo o sopprimendolo.

- Dubitare di capi e pari livello.

- Giocare sul sicuro; conformarsi piuttosto che sollevare domande e dubbi o lasciare spazio alla creatività.

- Salvare la faccia.

- Prendere parte a rivalità all'interno del gruppo tra vincitori e perdenti; competere invece di collaborare.

- Fornire obbedienza senza discutere piuttosto che consenso informato.

- Scoraggiare il feedback, che metterebbe sinceramente a confronto le loro azioni e opinioni.

- Evitare di valutare le idee insieme agli altri (soprattutto quelle potenzialmente importanti o minacciose).

I leader *"Team-oriented"*, invece, cercano di agire in base ai presupposti del Modello II:

• Non sanno tutto.

• Un'ampia gamma di input è il modo migliore per prendere buone decisioni.

• Le conseguenze di una decisione non sono pre-ordinate

• Le persone sono intrinsecamente motivate a lavorare bene e a dare il proprio contributo.

Di conseguenza, un dialogo aperto, una discussione onesta e un'efficace risoluzione dei problemi saranno con molta probabilità caratteristiche del manager 9,9.

Cosa possiamo imparare dalla griglia

Le descrizioni dei vari stili della griglia non sono destinate ad incasellare le persone e non implicano che i leader agiscano in base ad uno solo degli stili. In realtà, Blake e Mouton affermano chiaramente che tutti noi utilizziamo la totalità o la maggior parte degli stili in momenti diversi, a seconda delle situazioni. Analogamente, non è necessario o possibile avere sempre l'introspezione necessaria per eseguire con efficacia l'apprendimento a doppio senso, un requisito fondamentale della leadership 9,9.

Tuttavia, l'approccio 9,9 rappresenta un'alternativa ideale alla quale dovremmo sempre tendere, poiché è il momento in cui siamo maggiormente in grado di sfruttare le risorse aziendali per conseguire i risultati. L'apprendimento a doppio senso conduce alle soluzioni fondamentali dei problemi, mentre l'apprendimento a senso unico (caratteristico degli altri stili della griglia) porta piuttosto a soluzioni sintomatiche, che spesso comportano conseguenze negative involontarie.

Studiando la griglia insieme alle teorie sull'apprendimento a senso unico e a doppio senso, diventiamo sempre più consapevoli del comportamento (nostro e degli altri) e dei suoi effetti sull'efficacia personale, del team e dell'organizzazione. Queste idee ci aiutano ad effettuare un controllo più oggettivo, osservando il comportamento nostro e degli altri da lontano, come se fossimo in un posto privilegiato al di sopra della mischia (su un balcone), e ci forniscono un tipo di input che ci consente di rimanere nella condizione di apprendere in modo continuo e permanente. Studiare la griglia ci offre un altro vantaggio: diventiamo più consapevoli delle trappole in cui noi stessi e gli altri tendiamo a cadere. Se siete portati naturalmente ad essere un leader 1,9 *"Country Club"*, connotato dai tipici tratti difensivi di questo stile, dovrete ricordare a voi stessi di verificare coscienziosamente se state ignorando necessità o scadenze di business importanti.

È opportuno però ricordare che la griglia non è un modello di leadership onnicomprensivo. Si concentra soprattutto su atteggiamenti, convinzioni e conseguenze, accennando ad alcune competenze chiave (come la capacità di richiedere informazioni – *"inquiry"*). Non affronta i fattori della personalità, quali l'essere introverso o estroverso, equilibrato o ansioso, che utilizza il lato destro o sinistro del cervello, e così via, aspetti questi misurati di solito con i test sulla personalità, né cerca di illustrare tratti della personalità che un leader dovrebbe o non dovrebbe possedere (un argomento che non rientra di per sé negli obiettivi del presente libro).

Detto questo, la griglia manageriale si presta ad un uso estremamente pratico. Molto più di altri modelli di leadership, descrive comportamenti specifici controproducenti e come questi sono in contrasto con la *"Team Leadership"* ideale. Sapendo dove tendono a ricadere i nostri comportamenti nella griglia, abbiamo una mappa che ci consente di navigare verso una leadership più efficace.

Riepilogo del capitolo 2

- *La griglia manageriale descrive la misura in cui i leader agiscono in base all'interesse per la produttività e per le persone.*

- *La posizione 9,9 sulla griglia definisce un ideale di "Team Leader" che sa integrare questi due aspetti. I comportamenti 9,9 prevedono presupposti del Modello II e apprendimento a doppio senso.*

- *Gli altri stili di leadership sono basati piuttosto sui presupposti del Modello I e sull'apprendimento a senso unico.*

- *Molti di noi utilizzano differenti stili di leadership in momenti diversi. Ognuno deve trovare il proprio percorso per giungere alla "Team Leadership".*

— 3 —

È possibile definire la leadership?

Alcuni anni fa, una grande organizzazione decise di fare del "miglioramento della leadership" un elemento fondamentale dell'implementazione dello sviluppo organizzativo. Furono selezionati una ventina di top manager considerati da tutti i migliori (benvoluti dai pari livello e dai subordinati, capaci di raggiungere gli obiettivi e di rispettare le scadenze, ecc.). Ognuno di questi manager fu intervistato da esperti di comportamento, che identificarono le strategie o le tattiche specifiche che stavano alla base del loro successo. Gli esperti interagirono anche in modo meno formale con alcuni manager che si trovavano all'estremità opposta (cioè quelli meno efficaci). Alla fine giunsero ad una descrizione del manager "ideale" e stilarono un elenco di competenze e attributi che ogni manager doveva possedere.

Una volta che l'azienda ebbe in mano questo elenco, lo utilizzò per ricostruire il proprio sistema di revisione delle performance. Da allora in poi, ogni manager venne valutato su di una scala da 1 a 5, in rapporto a come si posizionava rispetto a ogni competenza: in teoria, migliore era il punteggio per ogni competenza, più si era vicini ad essere manager efficaci.

Forse non vi stupirete del fatto che questo sistema fallì entro un anno. Da un lato, non teneva conto dei manager che facevano eccezione e, pur mancando delle caratteristiche ideali, conseguivano ugualmente risultati brillanti. Dall'altro, l'intero sistema venne presto politicizzato e strumentalizzato dai capricci e dalle opinioni degli alti dirigenti, che modificarono l'elenco per adattarlo secondo i loro pregiudizi personali. Inoltre, conduceva ad una situazione di stagnazione: le persone erano riconosciute per un particolare aspetto solo se lo presentavano nel modo in cui era descritto nel documento.

È interessante notare che un risultato paradossale di questo approccio fu che i leader migliori ricevevano quasi sempre un punteggio peggiore dei loro pari. Il motivo è da ritrovare nel fatto che i subalterni di questi leader non temevano di fornire feedback *sinceri*. Al contrario, chi lavorava, ad esempio, per un *"task master"* 9,1 non era in grado dire nulla di negativo sul proprio capo.

L'esperienza di questa società illustra una delle maggiori sfide per il miglioramento dell'efficacia della leadership: come è possibile migliorare qualcosa che è così difficile da definire? Uno degli ambiti più controversi nella teoria sulla leadership è se esista effettivamente una serie di capacità o abilità che distingue i "leader" e se queste capacità o abilità siano innate o se possono essere apprese. Soffermiamoci per un momento su questo punto.

Il leader nato

Alcuni esperti ritengono che la leadership non possa essere *sviluppata*: leader si nasce, non si diventa. Warren Bennis, uno dei guru in questo ambito, afferma: "La leadership è carattere e giudizio... doti che non si possono insegnare." Questo punto di vista è supportato in parte dal lavoro di Henry Mintzberg, autore di *The Rise and Fall of Strategic Planning*. Mintzberg approfondisce gli studi sul cervello che analizzano l'influenza sul processo decisionale degli emisferi cerebrali sinistro e destro, presentando esempi di brillanti imprenditori, che *intuitivamente* sapevano quali strategie attuare, nati con "ciò che serve" per essere un buon leader.

Altri esperti hanno adottato un approccio leggermente diverso, cercando di identificare un determinato numero di elementi che identificano i leader eccezionali. Prendiamo, ad esempio, la ricerca di Bernard M. Bass e Bruce Avolio, il cui lavoro ha rivelato un continuum di stili di leadership, indicativo di come i leader interagiscono con i subalterni. Ecco i tre punti chiave del continuum, accompagnati dai comportamenti caratteristici di questi stili:

Leadership "Laissez-Faire"

- Evitare: il leader rimanda le azioni e non ricorre mai all'autorità. Le responsabilità della leadership sono ignorate.

Leadership transazionale

- Creazione di ricompense condizionate: il leader riceve consenso per quello che deve essere fatto e assegna ricompense solo se il compito è svolto in modo soddisfacente.

- *"Tracking error"*: il leader controlla attivamente le deviazioni dallo standard o attende che si verifichino degli errori, poi prende provvedimenti.

Leadership trasformazionale

- Motivare o ispirare le persone: i leader si comportano in modo da promuovere lo spirito di squadra. Coinvolgono le persone, che si identificano in loro. Sono carismatici.

- Stimolare l'intelligenza: il leader favorisce innovazione e creatività, mettendo in discussione le assunzioni e inquadrando il problema in modi diversi che aiutino ad arrivare alle soluzioni (si noti il collegamento con l'apprendimento a doppio senso).

- Dare considerazione in modo individualizzato: i leader rispettano le differenze tra le persone. Delegano la responsabilità.

Secondo la ricerca di Bass e Avolio, ogni leader mostra in certa misura un po' di ciascuno stile: nessuno ha soltanto comportamenti transazionali o trasformazionali; nessuno è completamente ispirato dal *"laissez-faire"*. La differenza è determinata dalla misura in cui questi comportamenti vengono messi in atto, che a sua volta determina l'efficacia del leader. I leader più efficaci, presi in esame dai due autori, ricorrevano principalmente a comportamenti trasformazionali, meno spesso a comportamenti transazionali e molto di rado ad un'indifferenza da "laissez-faire". Per contro, i leader più inefficaci propendevano verso l'inattività, esibendo soprattutto "laissez-faire" e meno di frequente gli stili trasformazionali. I leader moderatamente efficaci erano nel mezzo, utilizzando soprattutto comportamenti transazionali e in misura minore di tipo trasformazionale o "laissez-faire".

Bass e Avolio hanno condotto una grande mole di ricerche a livello empirico per sostenere la loro tesi, secondo la quale:

a) La gamma dei comportamenti da loro identificati costituisce una dimensione misurabile.

b) I leader considerati più efficaci utilizzano più comportamenti di tipo trasformazionale rispetto a quelli transazionali. Al contrario, i leader meno efficaci usano più comportamenti transazionali rispetto a quelli trasformazionali.

Ci sono evidenti analogie tra il lavoro di Bass e Avolio e la griglia manageriale di Blake e Mouton ed anche una certa sovrapposizione con le teorie dell'apprendimento a senso unico e a doppio senso. Può essere discutibile la maggiore o minore utilità dell'approccio bipolare di Bass e Avolio, con il continuum dal transazionale al trasformazionale, rispetto alla griglia manageriale. Il messaggio, tuttavia, sembra essere lo stesso: i leader che sono in grado di superare l'atteggiamento difensivo per creare un ambiente aperto in cui il feedback e l'apprendimento lavorano di pari passo sono maggiormente in grado di far sì che tutti i dipendenti svolgano con impegno e coinvolgimento il proprio lavoro all'interno dell'organizzazione… e quindi riescono meglio a determinare un cambiamento trasformazionale.

Un altro interessante punto di vista, a metà strada tra le due scuole di pensiero, è quello proposto da Howard Gardner, che, alla fine del ventesimo secolo, propugnava teorie relative a diversi tipi di intelligenza (un'idea poi diffusa su larga scala da Daniel Goleman nei suoi best-seller su l'"Intelligenza emotiva"). In *Leading Minds: Anatomy of Leadership*, Gardner esamina undici personalità che, con le parole e/o l'esempio personale, hanno influenzato notevolmente... i comportamenti, i pensieri, e/o i sentimenti di un significativo numero di esseri umani." Tra questi troviamo Alfred P. Sloan, Jr. (a capo della General Motors negli anni della nascita dell'azienda, che mise a punto un modello di management considerato un esempio da imitare secondo molte altre organizzazioni nel XX secolo), Martin Luther King Jr., Margaret Thatcher, il generale George C. Marshall e Albert Einstein.

La scoperta principale di Gardner è che tutti gli undici leader presi in considerazione avevano un'inconfondibile "autenticità," una parola utilizzata anche per descrivere i leader 9,9 *"Team-oriented"*. Gardner scrive, "I leader come Marshall trasmettono le proprie esperienze e "verità" con il tipo di vita che loro stessi conducono e, con l'esempio, cercano di ispirare i loro seguaci."

James Collins (uno degli autori del libro *Built to Last*) ha un approccio analogo, ad eccezione del fatto che approfondisce i fattori che determinano il passaggio di livello da essere un'azienda buona ad una eccezionale, in modo duraturo. In un vastissimo studio su 1.435 società, Collins e i suoi collaboratori ne selezionano undici, che rispondono al criterio di transizione da buona (*"good"*) a eccezionale (*"great"*), (ripreso nel successivo libro intitolato *Good to Great*).

In questa opera, Collins identifica cinque livelli di leadership:

Livello 1 - Individuo altamente capace: apporta un contributo produttivo a livello individuale; ha buone conoscenze, capacità e abitudini di lavoro.

Livello 2 - Membro attivo del team: mette le proprie capacità individuali a servizio del raggiungimento degli obiettivi del gruppo e lavora efficacemente con gli altri in un contesto di gruppo.

Livello 3 - Manager competente: organizza le persone e le risorse per il raggiungimento efficace ed efficiente di obiettivi predeterminati.

Livello 4 - Leader efficace: catalizza l'impegno e la solida ricerca di una visione chiara e convincente, stimolando alti standard di performance.

Livello 5 - Executive: realizza eccezionali risultati duraturi attraverso una paradossale combinazione di umiltà e volontà professionale.

Un fattore che distingue le undici aziende *"good-to-great"* rispetto a tutte le altre è il fatto di avere un CEO che rientra nel livello 5 di leadership:

> *"Gli executive di livello "good-to-great" erano tutti uguali. Indipendentemente dal fatto che la società producesse beni di consumo o prodotti industriali, fosse in crisi o andasse a gonfie vele, offrisse servizi o prodotti. Non aveva importanza quando era avvenuta la transizione o quanto fosse grande l'organizzazione: nel momento della transizione "good-to-great", tutte le aziende avevano una leadership di livello 5.*

Inoltre, nelle altre società utilizzate per il confronto
[che non erano in grado di mantenere il successo]
ricorreva costantemente l'assenza di una leadership
di livello 5."

Leggendo il libro di Collins, si nota che la leadership di livello
5 equivale allo stile 9,9 della griglia manageriale e al leader
trasformazionale. Tutti e tre questi approcci sottolineano
l'importanza dell'apprendimento rispetto all'atteggiamento
difensivo, una combinazione di attenzione alle persone e
interesse per la produttività, e una credibilità che si raggi-
unge con comportamenti non contraddittori rispetto alle
teorie adottate.

Modelli di leadership prescrittivi contro modelli di leadership orientati all'apprendimento

Il limite maggiore delle teorie più classiche sulla leadership è
che si tratta di modelli *razionali*, che cercano di *prescrivere*
esattamente come deve essere un leader. Gli studiosi vanno
ad osservare chi reputano leader efficaci, e poi redigono un
elenco di caratteristiche e capacità che li definiscono. Questi
modelli non prendono però in considerazione il fatto che la
leadership è contestuale e che la combinazione dei vari stili
di leadership e delle caratteristiche della personalità porta
nella pratica ad infinite varianti di "leadership efficaci".

Fortunatamente, c'è un segreto che abbiamo imparato e che
può suonare sorprendente: non occorre risolvere il dilemma
se il leader nasca tale o lo diventi, o proporre un elenco di

"competenze" legate alla leadership per migliorare la leadership delle organizzazioni. Indipendentemente da come ci si arrivi, con capacità apprese o abilità innate, sarà possibile diventare un leader più efficace comprendendo a fondo la *Team Leadership* 9,9 e dedicandosi all'apprendimento a doppio senso. Il nostro è un modello **dinamico** sul modo di migliorare la leadership basandosi sull'apprendimento.

Non vogliamo affermare che un approccio basato sul creare dei modelli di "leadership" sia inutile. In realtà, molti leader eccellenti vi diranno che hanno imparato molto osservando ed imitando le capacità e i comportamenti di altri leader. Ma aggiungeranno anche che non si limitavano semplicemente a cercare di fare un elenco delle capacità da imparare bene, ma cercavano, allo stesso tempo, di essere credibili verso se stessi e la loro unicità di esseri umani, responsabili di dover guidare gli altri. In questo modo, il loro apprendimento diventava dinamico (e, come direbbe Gardner, si crea una *leadership autentica*).

Riepilogo del capitolo 3

- *Tradizionalmente, i modelli di leadership adottano un approccio prescrittivo, definendo un elenco di tratti o caratteristiche necessari per una leadership efficace.*

- *Studiando questi modelli, emerge che la leadership efficace corrisponde alla "Team Leadership"*

9,9 basata sui presupposti del Modello II e dell'apprendimento a doppio senso.

- *I modelli insegnano comportamenti che aiutano i leader ad essere efficaci.*

- *Indipendentemente dal fatto che si aderisca o meno ad uno di questi modelli, è possibile migliorare le proprie capacità grazie all'apprendimento a doppio senso.*

— 4 —

La sforzo per diventare un vero "Team Leader"

IL CAMMINO per diventare leader più efficaci, all'inizio, può sembrare ingannevolmente semplice. Tutto ciò che occorre fare è ricevere feedback per iniziare l'apprendimento a doppio senso e impegnarsi ad arrivare ad uno stile di leadership 9,9, giusto? Sfortunatamente, l'esperienza insegna che entrambi questi obiettivi sono più difficili da raggiungere di quanto non sembri, come vedremo qui di seguito.

Sfida n.1: l'apprendimento a doppio senso

Carl era un CEO molto premuroso ma iperprotettivo. Si convinse, in base al consiglio di persone esterne preparate, che la causa dell'incapacità della sua società d'innovare era la cultura di dipendenza che si era sviluppata nel tempo, in parte attribuibile al suo comportamento paternalistico. L'analisi aveva dimostrato che la sua azienda promuoveva invariabilmente i manager che soffocavano la creatività di coloro che vi lavoravano. I manager erano ben intenzionati, ma non riuscivano a delegare sufficiente autorità ai propri subordinati.

Carl decise di cambiare le cose. Organizzò diverse riunioni, invitò consulenti e lanciò un programma per cambiare la cultura dell'organizzazione. Dopo alcuni mesi dall'inizio del programma, una giovane dipendente dell'organizzazione disse a Carl che si era imbattuta più volte proprio nel tipo di comportamento che intendeva sradicare. Carl la capì immediatamente: "Julie, ogni volta che riscontri i comportamenti che stiamo cercando di eliminare, voglio che tu capisca che la mia porta è sempre aperta. Chiamami e mi accerterò che siano intraprese le dovute azioni per garantire il successo della nostra iniziativa di cambiamento." Julie se ne andò soddisfatta, contenta dalle parole di Carl e dal suo forte sostegno.

Guardiamo da vicino che cosa ha appena fatto Carl. Da un lato, ha affermato: "Voglio che vi comportiate tutti come adulti, che il controllo sia condiviso, che diate un contributo più significativo alla performance dell'azienda." Dall'altro, però, ha subito aggiunto, "Giulia, io risolverò il tuo problema; basta solo che mi chiami. Utilizzerò il mio potere e la mia autorità per gestire quegli executive che vogliono controllare tutto e che ostacolano il tuo progresso". Carlo sta facendo esattamente quello che non vuole che facciano i manager della sua azienda!

Sebbene le intenzioni di Carl fossero quelle di ottenere un maggiore coinvolgimento delle persone nell'azienda, le sue azioni hanno prodotto l'effetto inverso. Ha preso il controllo della situazione e suggerito una soluzione, contrariamente a quanto intendeva fare. Immaginiamo per un attimo che cosa succederebbe se Carl mettesse ripetutamente in atto le promesse che ha fatto a Julie: nel corso del tempo tutti coloro che gli riportano direttamente imparerebbero a sottomettersi al suo ordine di "comportarsi come ha detto Carl", senza mai imparare a sviluppare le proprie capacità di risolvere i conflitti e modificare i propri comportamenti.

Questo modo di pensare e le azioni che ne derivano sono un luogo comune. Causano un dissenso strisciante e inasprito, che mina la progressione verso il cambiamento, così tanto auspicata.

Tale auto-inganno illustra il primo ostacolo che noi tutti ci troviamo davanti quando ci avviciniamo all'apprendimento a doppio senso: come Carl, agiamo inconsciamente in modi che sono auto-difensivi, poiché siamo in una condizione di "non riconoscere che cosa non conosciamo".

Prima di dare la soluzione, prendiamo di nuovo la situazione di Carl e facciamo un ulteriore passo in avanti. Un collega indica a Carl il difetto principale del suo approccio con Julie e Carl concorda, affermando che la sua risposta a Julie è stata sbagliata. Dopo di ciò, Carl deve passare ad affrontare le fasi più difficili per qualsiasi leader che voglia migliorare: riuscire a capire come riconoscere quando il suo comportamento è parte del problema e dare inizio a comportamenti più costruttivi.

Ad esempio, dopo l'esperienza con Julie, Carl pensò di aver imparato che il proprio compito non fosse quello di "salvare" i propri dipendenti. Ma ecco cosa successe ad una riunione di qualche giorno dopo, questa volta con un vice presidente: il vice presidente disse a Carl di essere agitato per una presentazione imminente al CdA, e Carl rispose che ci avrebbe pensato *lui* a gestire la presentazione, salvandolo dallo stress. Insomma, di nuovo Carl che interviene in soccorso agli altri!

Non si deve, però, essere troppo severi nel giudicare Carl; se avete mai provato a cambiare uno dei vostri schemi di comportamento, sarete solidali con lui. Per un verso, molti di noi sono ciechi di fronte al proprio stile di gestione. Giudichiamo le nostre intenzioni, non le nostre azioni. Per un altro verso, è difficile generalizzare da una situazione all'altra. (Fino a quando non gli è stato fatto nuovamente notare, Carl non si era neppure accorto che stava "salvando" il collega vice presidente.) In conclusione, è facilissimo scivolare in schemi comportamentali consolidati, senza rendersene conto.

Insomma, la scoperta di sé e l'identificazione della strada necessarie per diventare un vero *"Team Leader"* sono molto più difficili di quanto sembri.

Conoscere il nostro comportamento

Le sfide che dobbiamo affrontare per conoscere il nostro comportamento sono fondamentalmente le stesse che dobbiamo affrontare per QUALSIASI percorso di apprendimento (vedere la Figura 11):

Figura 11: Le quattro fasi dell'apprendimento

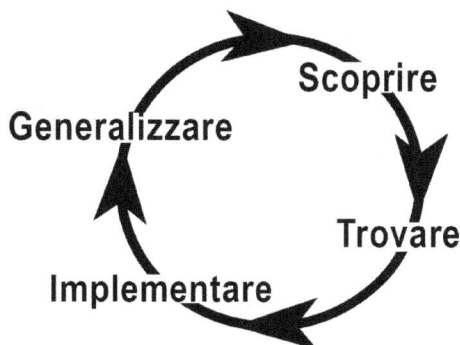

1. Scoprire di avere un problema.

2. Trovare una soluzione.

3. Implementare la soluzione.

4. Generalizzare la soluzione.

Sebbene queste fasi sembrino facili, metterle in pratica non lo è poi così tanto.

- In quanto persone, spesso non vediamo i problemi che ci troviamo davanti e ignoriamo il modo in cui noi stessi contribuiamo a creare questi problemi. Dato che non siamo in grado di *capire/scoprire* il vero problema, ne affrontiamo i sintomi, finendo con il ripetere ogni volta lo stesso comportamento controproducente.

- Anche una volta che ci rendiamo conto di avere un problema, se agiamo solo in base ai presupposti del Modello I, continueremo solo a restare in superficie, incapaci di *trovare* un modo per modificare il comportamento problematico alla base.

• Anche se siamo in grado di immaginare (trovare/ inventare) una soluzione, scopriremo spesso che non possiamo *implementarla* (e se riusciamo ad attuarla, la sfida sarà di mantenerla nel corso del tempo). È facile ricadere nei nostri vecchi schemi familiari senza rendercene conto.

• Nel caso in cui ce l'avessimo fatta a percorrere le prime tre fasi dell'apprendimento, probabilmente avremmo risolto un problema particolare in una situazione particolare, ma potrebbe essere ancora difficile *generalizzare* soluzioni riguardo altri problemi in altre situazioni. Carl, ad esempio, non aveva compreso il principio generale in questione e pertanto non è riuscito ad evitare di ripetere il comportamento di controllo in situazioni diverse.

L'applicazione delle fasi dell'apprendimento al nostro comportamento, puntando verso noi stessi la lente d'ingrandimento, non è mai facile. Ma le teorie di Argyris sull'apprendimento a doppio senso ci forniscono alcuni spunti per farlo. Le persone che agiscono secondo il Modello II presumono di *non* avere tutte le risposte e sono quindi aperte a ricevere input, particolarmente su come il loro comportamento influenza il raggiungimento o il mancato raggiungimento dei risultati voluti.

Il circolo vizioso dell'apprendimento a doppio senso

Purtroppo l'apprendimento a doppio senso è come un circolo vizioso: un problema è irrisolvibile fino a quando non se ne possiede la soluzione! Secondo Argyris, chi si dedica all'apprendimento a doppio senso deve conoscere alla perfezione

tutte queste fasi, prima di poterne dominare *una qualsiasi.*
Come abbiamo visto, per Carl è stato difficile imparare a
scoprire quando si stava comportando in modo controproducente. Gli è stato fatto notare grazie a un momento
d'interazione con un subordinato (Julie), ma non si è accorto
che si stava comportando nello stesso modo con il suo vice
presidente.

Come dice Argyris, l'incapacità di Carl a scoprire è facilmente spiegata: doveva essere in grado di utilizzare tutte
e quattro le fasi dell'apprendimento (scoperta, invenzione,
implementazione, generalizzazione) per scoprire di avere un
problema. Lo rappresenta in questo modo (Tabella 1):

Tabella 1: Fasi per imparare a scoprire

1 SCOPRIRE le incoerenze: riconoscere che ciò che volete che succeda (teorie adottate) è diverso da quanto sta succedendo (teorie in uso)	2 Scoprire di non sapere come fare a scoprire ciò che si vuole scoprire	3 Trovare il modo di scoprire	4 Implementare il comportamento necessario per poter scoprire	5 Generalizzare i processi di scoperta efficaci

*Il punto di vista di Argyris: occorrono tutte le fasi dell'apprendimento
per espletare la fase della scoperta in modo corretto*

Questo schema vale per tutte le fasi dell'apprendimento, ed
è ciò che consente di produrre il "doppio senso" nell'apprendimento a due sensi (vedere la Figura 12).

Figura 12: Apprendimento a doppio senso

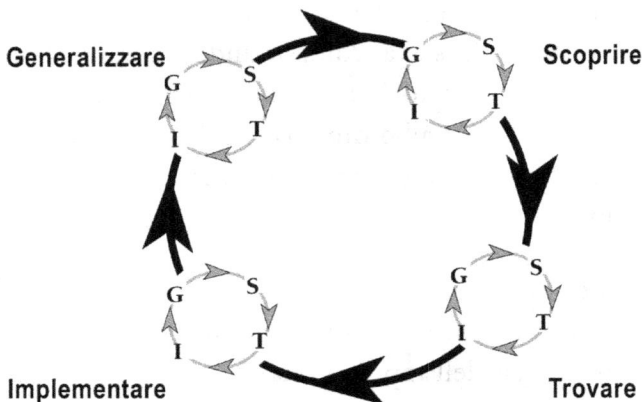

Nel nostro esempio, Carl non ha rifiutato l'idea che poteva essere lui una parte del problema. Ne è diventato consapevole, ha scoperto che vi era un'incoerenza in una particolare situazione. Ma la volta successiva, in un contesto in cui si stava comportando in modo controproducente (questa volta con il vice presidente), ancora non aveva chiaro l'impatto negativo dei suoi schemi di comportamento, da lungo tempo radicati. Il circolo vizioso: Carl continuerà a lottare per cercare di sapere quando crea un problema, finché non avrà imparato a mettere completamente in atto tutte le quattro fasi di "scoperta, invenzione, implementazione e generalizzazione" dello scoprire.

E malgrado la sfida sia notevole, creare un ambiente ricco di feedback in cui i singoli non abbiano un atteggiamento difensivo rispetto al feedback degli altri può facilitare l'apprendimento a doppio senso. In questo tipo di situazione, molti leader hanno imparato come rompere il circolo vizioso e non è così difficile come potrebbe sembrare al primo impatto. Il segreto è stato discusso già molte volte: in quanto essere umani, normalmente non riusciamo a vedere come noi stessi contribuiamo a creare i nostri problemi… ma gli altri hanno un occhio migliore! Aprendoci a vedere noi stessi come gli altri ci vedono, siamo in una posizione privilegiata per compiere tutte le fasi dell'apprendimento.

Quando gli individui agiscono secondo l'apprendimento a senso unico, tendono a compiere ripetutamente lo stesso errore. Se però imparano ad avere un atteggiamento non difensivo, saranno più aperti ad ascoltare le osservazioni degli altri rispetto al loro comportamento di anti-apprendimento. Ciò consente loro di acquisire maggiore consapevolezza riguardo alle situazioni in cui con più probabilità agirebbero secondo una rigida modalità di apprendimento a senso unico e quindi di ottenere, alla fine, le competenze tipiche dell'apprendimento a doppio senso.

Ecco un esempio:

> *Tony, un executive di alto livello in una società manifatturiera, ha uno stile di management molto rigido e direttivo. Ha difficoltà a trattare con tutte quelle persone che non condividono il suo senso di urgenza, specialmente in ambiti che ritiene molto importanti per l'azienda. Eppure, insieme ai suoi colleghi, ha approfondito diversi concetti relativi alla leadership e ha collaborato alla creazione di un clima di reciproco aiuto per superare i presupposti ed i comportamenti del Modello I. In questo senso, Antonio ha incoraggiato i suoi pari a fargli notare quando, senza riflettere, prende il controllo della*

situazione in un modo tale per cui chiude la possibilità di ricercare una soluzione efficace del problema/ questione sotto esame in quel momento.

Ad una riunione periodica del team di Tony, James, il manager responsabile dell'IT, fa presente che un serio problema di sicurezza Internet non era ancora stato risolto, e quella era oramai la terza volta che si parlava di sicurezza Internet nelle riunioni dello staff di Tony senza venirne a capo. La comunicazione non è il punto forte di James, che inizia esitante a spiegare la situazione all'origine del problema. L'impazienza per i ritardi registrati nel risolvere questo problema di sicurezza IT, fa sì che Tony prenda il controllo della situazione e dica a James di portare tutto il suo gruppo IT ad una riunione, che faranno più tardi quel giorno stesso, e gli fornisce in maniera autoritaria una serie di punti che vorrebbe venissero sviluppati durante la riunione. James rimane in silenzio.

Malgrado le sue buone intenzioni, Tony non si è assolutamente reso conto del tono di controllo che ha esercitato. Dopo la riunione Brian fa notare ad Tony che il suo comportamento era stato controproducente. Viene fuori infatti che James si era in effetti preoccupato di affrontare il problema. Era stato acquistato un software del tutto nuovo, e fattori al di là del controllo di James (il software doveva essere modificato per essere adeguato al sistema dell'azienda) avevano ritardato l'implementazione della soluzione. In questo modo, la totale mancanza di richiesta di informazioni da parte di Tony aveva creato, con la sua richiesta autoritaria, una duplica-zione degli sforzi.

Brian fece notare a Tony che James era almeno tre livelli sotto di lui ed era completamente intimidito dalle maniere di Tony (il fatto che Tony avesse l'abitudine di demolire le persone durante le riunioni non giovava in questa situazione). James aveva deciso che la scelta migliore era chinare la testa, una risposta tipica del Modello I, e di un apprendimento a senso unico da parte di James.

Quando Brian iniziò a parlare, la reazione iniziale di Tony fu di sorpresa. Iniziò a difendere il suo operato durante la riunione… ma poi si rese conto e si ricordò di una situazione simile (nulla a che fare con l'IT, ecco perché non lo aveva realizzato da solo). Riconobbe che aveva ripetuto il medesimo schema di comportamento, e ringraziò Brian per aver portato la questione alla sua attenzione. Poi, si diresse immediatamente all'ufficio di James per rettificare la situazione.

Ci sono ovviamente situazioni in cui un leader deve agire con decisione, ma nel caso specifico Tony ha utilizzato la sua seniority (potere e autorità) per assumersi completamente il controllo della situazione, estromettendo James dal processo. I presupposti del Modello I profondamente radicati in Tony lo portano a saltare alle conclusioni (senza convalidarle) e ad agire in modo unilaterale. Se, con i colleghi, non avessero stabilito la regola secondo la quale è giusto far notare gli uni agli altri i comportamenti di lavoro controproducenti, Tony avrebbe probabilmente continuato con il suo schema di comportamento. Invece, avendo avuto l'opportunità di vedere il suo comportamento attraverso gli occhi degli altri, ha potuto iniziare un processo di apprendimento... e, nel corso de tempo, ha imparato a monitorare e rettificare il proprio comportamento prima che diventi un problema.

Come abbiamo visto con l'esempio di Carl, per Tony, come per tutti noi, una delle maggiori sfide consiste nell'imparare a *generalizzare*. Sebbene Tony si fosse reso conto di aver utilizzato i metodi del Modello I in un'altra precedente situazione, il fatto che non li avesse utilizzati in una situazione relativa a una problema IT, gli aveva reso difficile fare il collegamento.

Lavorare in un ambiente in cui gli altri non temono di farci notare i nostri comportamenti è un enorme passo avanti nel processo per imparare a generalizzare. Lavorare con chi vive problemi analoghi può contribuire a sciogliere lentamente i nodi che impediscono il vero apprendimento e la soluzione efficace dei problemi. I lati di noi stessi a noi ignoti, di solito, agli altri sono evidenti. Se lavoriamo in un ambiente che incoraggia il sincero scambio di feedback personale (a tu per tu), e noi stessi abbandoniamo l'atteggiamento difensivo quando riceviamo un feedback, possiamo gradualmente migliorare ciascuna fase dell'apprendimento a doppio senso. Gli altri ci possono aiutare a scoprire i problemi di cui non siamo consapevoli, possiamo ricorrere alla loro creatività per trovare soluzioni grazie al loro aiuto, e così via.

Sfida n.2: sforzarsi di raggiungere il modello ideale 9,9

Bill era responsabile di una grande divisione. Aveva studiato a fondo la griglia manageriale e, sebbene molto motivato ad introdurre questo approccio nella sua divisione, ci vollero alcuni anni prima che li portasse a termine. Alla fine, tuttavia, organizzò un workshop che ebbe un gran successo. Le persone che lavoravano per Bill risposero in modo molto positivo all'idea di inserire il feedback aperto e sincero come parte integrante del futuro modo di lavorare insieme.

Nelle fasi di preparazione del workshop, durante il suo svolgimento e nel follow-up, l'istruttore, John, si rese conto che Lino era decisamente motivato a raggiungere lo stile di leadership 9,9 e che riteneva di esservi molto vicino. Invece era evidente che i subalterni di Bill lo consideravano un leader paternalistico 9+9. Dagli esempi dei comportamenti di Bill che vennero descritti a John dai subordinati era chiaro, però, che l'immagine che Bill aveva di se stesso non rispecchiava affatto la realtà e che la sua auto-illusione era la causa dei notevoli problemi all'interno della divisione.

John decise di parlarne con Bill e gli fece presente, con molto riguardo, il fatto che il suo punto di vista sul suo comportamento non corrispondeva con quello dei suoi subalterni. Lino si difese strenuamente e tutti gli ulteriori tentativi di fare in modo che ascoltasse i suoi subordinati si dimostrarono inutili. Interruppe le attività di sviluppo aziendale che

*aveva iniziato e, dai racconti successivi, la divisione
continuò ad agire secondo lo stile di Bill, paternalistico e ipercontrollante.*

La storia di Bill non è affatto rara. Dalla nostra esperienza
personale, basata sull'osservazione di centinaia di leader, è
chiaro che modificare il comportamento non è facile, anche
una volta che ci si renda conto che esiste un modo più efficace
di comportarsi. È un compito arduo e non tutti ci riescono.
Se abbiamo raccontato questa storia, non è per scoraggiarvi
dal fare tentativi, ma per aiutarvi a definire delle aspettative
realistiche sul cambiamento. Per diventare leader 9,9 è indis-
pensabile essere veramente aperti ad ascoltare i feedback. E
anche se lo siete, non aspettatevi che il cambiamento avvenga
in poco tempo; ricordatevi che state provando a cambiare dei
comportamenti radicati. Inizialmente, nel collaudare i nuovi
comportamenti, dovrete essere molto ponderati e consapevoli. Cercando di fare troppo o troppo in fretta, non ce la
farete. Andate adagio. E non aspettatevi la perfezione.

Quanto discusso finora ci porta naturalmente alla sezione
successiva dl libro, in cui esamineremo un noto modello che
indica graficamente come, nel corso del tempo, con le giuste
strategie interpersonali, un leader può riuscire a sviluppare
una maggiore consapevolezza di sé e un orientamento all'apprendimento continuo.

Riepilogo del capitolo 4

- *Diventare un leader 9,9 è più difficile di quanto sembri a prima vista.*

- *La conoscenza dei comportamenti che costituiscono una leadership efficace è un prerequisito per il miglioramento, ma è molto difficile per tutti agire coerentemente e continuamente secondo lo stile 9,9, anche quando si è consapevoli delle sue caratteristiche.*

- *È necessario essere preparati in tutte le fasi dell'apprendimento a doppio senso, prima di riuscire a metterne in pratica, con buoni risultati, i singoli passi.*

- *Tuttavia, già di per sé l'apertura a ricevere feedback sinceri e onesti contribuisce a superare le barriere dell'apprendimento a doppio senso.*

— 5 —

Creare un ambiente favorevole allo scambio difeedback

Una nuova società internet venne creata da alcuni maghi del computer, molto preparati dal punto di vista tecnico, ma con scarse conoscenze o interesse per il "comportamento". Prendiamo per esempio Tim: giovane, ambizioso, e abituato da un padre esigente a lavorare sodo e a non aspettarsi niente dagli altri. Non solo possedeva la presunzione comune alle persone intelligenti, di essere abbastanza in gamba da decidere da solo, ma riteneva anche che fosse suo compito di leader prendere le decisioni da trasmettere poi al suo staff. La sua tendenza naturale a concentrarsi sul business era esacerbata dal lavorare in una nuova società: non aveva pazienza per quelle che considerava chiacchiere al lavoro, non condivideva con gli altri molto di se stesso, né si informava sugli altri.

LA REALTÀ della vita in azienda, e della vita in generale, è che i risultati si raggiungono attraverso le interazioni di gruppi di persone, non attraverso gli individui (ed è questo il motivo per cui "interazioni efficaci" costituiscono il terzo e fondamentale cerchio del modello introdotto nella Prefazione). Ciò presenta un'interessante sfida per i leader: possono scegliere di comportarsi in modo da aumentare la consapevolezza di sé stessi e degli altri, o da creare distanza tra loro e i loro colleghi.

Inizialmente, Tim aveva scelto la seconda via, isolandosi dallo staff e anche, in certa misura, dai pari livello. Il suo comportamento scoraggiava la sincerità e la fiducia necessarie per creare un ambiente in cui un feedback sincero non solo è possibile, ma incoraggiato. Con ogni probabilità, il comportamento di Tim riflette quello che gli studiosi del comportamento descrivono come "una scarsa finestra di Johari". Si tratta di un modello semplice e utile per riflettere sul processo relazionale con gli altri, che mette in correlazione due fattori:

- Quanto sappiamo di noi stessi (conoscenza di sé – "self-knowledge")

- Quanto gli altri conoscono di noi (aspetti noti agli altri – "disclosure").

Quando queste due dimensioni si combinano, si ottiene la composizione di una semplice matrice, a quattro quadranti (vedere la Figura 13):

Figura 13: La finestra di Johari

	Noto a noi stessi	Sconosciuto a noi stessi
Noto agli altri	APERTO	CHIUSO
Sconosciuto agli altri	NASCOSTO	SCONO-SCIUTO

- Conoscenza nota a noi stessi e agli altri (conoscenza pubblica o aperta)

- Conoscenza nota a noi stessi ma non agli altri (conoscenza privata o nascosta)

- Conoscenza che gli altri hanno di noi, ma di cui noi siamo inconsapevoli (conoscenza ignota a noi stessi)

- Conoscenza che non hanno né gli altri né noi stessi(conoscenza ignota)

Nel caso di Tim, la finestra di Johari coincideva con la Figura 14: era una persona molto chiusa e quindi molti suoi aspetti erano sconosciuti agli altri. Ignorava anche come il suo comportamento influenzasse gli altri (scarsa conoscenza di sé).

Figura 14: La finestra di Johari di Tim

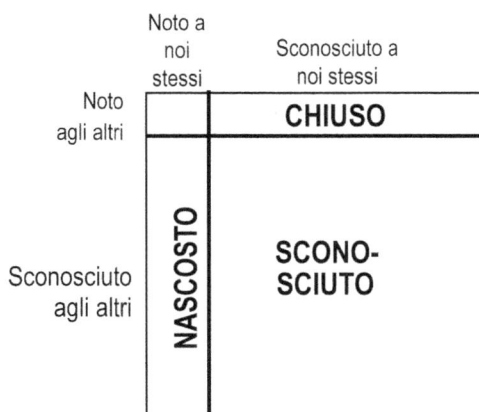

Scarsa finestra di Johari
Un leader con poca conoscenza di sé e di cui gli altri sanno molto poco

La premessa alla base della finestra di Johari è che si ottiene una migliore comunicazione quando le persone condividono conoscenze sempre maggiori gli uni degli altri. È possibile seguire due distinte strategie per migliorare la condivisione tra noi stessi e gli altri:

1) Ricevendo feedback sul nostro comportamento. Avete letto questo ritornello già molte volte e qui vi diamo un'altra ragione per la quale essere aperti ai feedback è una strategia dei leader efficaci: in questo modo "si apre la finestra". Ascoltare come il nostro comportamento si ripercuote sugli altri ci dà un'idea di quello che funziona e quello che non va. Aiuta anche a sfruttare la creatività degli altri per pensare a come fare meglio.

2) Dando informazioni su noi stessi; condividendo i nostri pensieri, ragionamenti e altre informazioni importanti per gli altri. Dire agli altri cosa pensiamo e perché le aiuta a farli sentire più partecipi alle decisioni che li riguardano. Questo atteggiamento a sua volta crea fiducia e incoraggia il feedback, cose che aumentano l'efficacia e la soddisfazione di un team. Non condividere le informazioni è tipico dei manager 9,1 potere e controllo, che pensano di mantenersi in vantaggio sugli altri solo controllando ogni minima cosa. Per contro, un team leader 9,9 ha una mentalità per la quale è basilare la condivisione delle informazioni e solo in casi speciali questa prassi viene limitata. Ciò non significa che occorre dire alle persone tutto ciò che accade nella propria vita lavorativa e personale! Piuttosto, condividere tutte quelle informazioni utili a:

- Fornire un contesto per una decisione di lavoro imminente (questioni di budget, previsioni di utili, la situazione di altri comparti dell'azienda)
- Creare un legame personale ("Anche mia figlia gioca a calcio!")
- Descrivere aspetti personali che possono influenzare il proprio rendimento sul lavoro ("Mia madre è all'ospedale e faccio fatica a concentrarmi").

Insieme, queste due strategie creano un ampliamento del quadrante pubblico o aperto della finestra di Johari (vedere la Figura 15). Le relazioni umane diventano più significative attraverso una migliore comunicazione, a beneficio di un lavoro più efficiente. I leader efficaci spesso uniscono direttamente le due strategie: "Ho pensato molto alla realizzazione di [X] e queste sono le mie ragioni... Mi piacerebbe avere il vostro feedback man mano che si va avanti."

Figura 15: Aumentare la conoscenza pubblica ("Aperto")

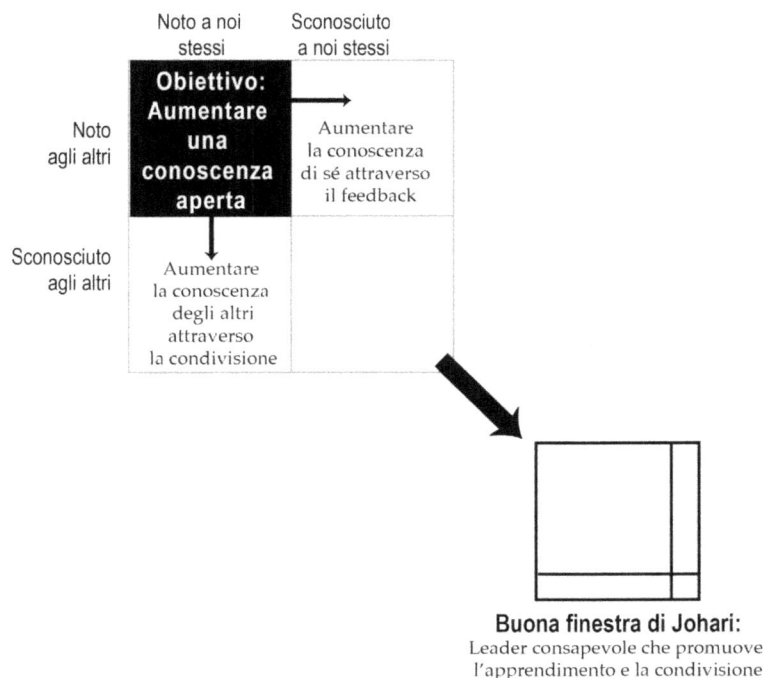

	Noto a noi stessi	Sconosciuto a noi stessi
Noto agli altri	**Obiettivo: Aumentare una conoscenza aperta**	Aumentare la conoscenza di sé attraverso il feedback
Sconosciuto agli altri	Aumentare la conoscenza degli altri attraverso la condivisione	

Buona finestra di Johari:
Leader consapevole che promuove l'apprendimento e la condivisione

La finestra di Johari consolida la percezione che un passo per cercare di diventare più efficaci come individui è quello di comprendere e migliorare i nostri rapporti con gli altri. Nel fare questo, non solo troviamo modalità per agire meglio personalmente, ma contribuiamo anche all'efficacia di chi ci sta intorno.

Riepilogo del capitolo 5

- *Storicamente, poche organizzazioni hanno creato un ambiente in cui dare feedback ai leader non solo è bene accetto, ma anche incoraggiato.*

- *Il solo fatto di dire ai propri subordinati che desiderate ricevere feedback non porta automaticamente un cambiamento.*

- *Prendete l'iniziativa aprendo la vostra finestra di Johari: condividete le informazioni rilevanti su di voi e sulle decisioni da prendere, e ricavate informazioni dagli altri.*

Conclusione alla parte I

Sebbene Tim, uno dei co-fondatori della società internet presentato nel capitolo precedente, non desse agli altri molte informazioni su di sé, non era timido nell'affermare le proprie opinioni sulle questioni di lavoro. Spesso sosteneva e difendeva la proprie convinzioni a voce alta, parlandone con chiunque lo ascoltasse. Uno dei bersagli favoriti delle sue lamentele era Ken, un altro socio fondatore, e la mancanza di carattere che riscontrava in lui. Riteneva che Ken dovesse impartire ordini più diretti, senza preoccuparsi molto di come si sentivano le persone.

Purtroppo, c'era qualcosa di cui Tim non si accorgeva: quasi tutti avevano grande rispetto per Ken, apprezzavano il suo stile di management e pensavano che potesse contribuire allo sviluppo dell'azienda più di Tim. Fu solo quando il management team tenne una sessione di feedback strutturato, che Tim scoprì come i suoi atteggiamenti e comportamenti stessero producendo il risultato esattamente opposto alle sue intenzioni: si stava inimicando tutti, ostacolando in azienda un modo di lavorare efficace.

Da quella riunione in poi, Tim imparò a moderare il suo comportamento difensivo. È ancora fermo sulle sue opinioni, ma adesso si impegna molto di più ad ascoltare e a parlare di meno. Le sue idee sono *adesso soggette al cambiamento, in base a quello che sente e viene a sapere, ed è più concentrato sul successo del suo team e delle persone intorno a lui. Ora ammette tranquillamente che il suo vecchio modo di pensare era sbagliato, e che ora è più efficiente sia in ufficio che nella vita personale. (In realtà, tutto il management team ha imparato molto dalle sessioni di feedback e i suoi membri sono diventati leader dell'azienda molto più efficaci).*

Come ci insegna la storia di Tim, la capacità di collegare strategia ed esecuzione attraverso interazioni efficaci, alla base del modello dei tre cerchi descritto nella Prefazione, inizia a *livello individuale*. Pe r diventare dei leader 9,9, è necessario superare l'atteggiamento difensivo naturale che ci porta ad agire secondo i modi improduttivi del Modello I. Una volta che l'atteggiamento difensivo inizia a diminuire, possiamo iniziare il nostro viaggio verso l'apprendimento a doppio senso, per un costante miglioramento della nostra efficacia. E da là, avremo una solida base su cui costruire interazioni efficaci con gli altri.

L'esempio di Tim è tipico delle storie di successo a cui abbiamo assistito quando le persone partecipano a dei corsi di formazione e poi, a seguito della formazione ricevuta, svolgono delle attività di coaching sul miglioramento delle proprie capacità di leadership. Indipendentemente dai diversi tipi di personalità, dai soggetti tranquilli e introversi a quelli altamente assertivi ed estroversi, molti fanno del loro meglio con gli strumenti e le informazioni di cui dispongono. Purtroppo, se agiscono come fossero sotto vuoto, con ogni probabilità saranno soddisfatti della loro performance, inconsapevoli di quanti risultati in più potrebbero raggiungere. Fortunatamente, una volta superato lo shock iniziale di ricevere dei feedback sinceri sui loro comportamenti, le loro naturali motivazioni a dare il proprio contributo all'organizzazione e il loro rispetto per i collaboratori li portano a straordinarie trasformazioni.

L'esempio di Tim insegna anche che provare a migliorare le nostre capacità individuali nell'isolamento da ciò che ci circonda è impossibile. La consapevolezza di sé e un desiderio di migliorare come persone è fondamentale per diventare leader più efficaci, ma è necessario collaborare *con* le persone intorno a noi, non solo per migliorare personalmente, ma anche per potenziare l'efficacia di tutti gli altri. E questo è ciò che approfondiremo nella Parte II del volume.

Parte II

Efficacia del team e dell'organizzazione

INTRODUZIONE

Ad un workshop, alcuni anni fa, Randy scoprì di essere un forte leader 9,1 "Task-oriented" e apprese anche come ciò incidesse sulle persone intorno a lui. Pur avendo capito la lezione, fu difficile per lui adottare i comportamenti da team leader 9,9. All'inizio agiva senza entusiasmo, chiedendo ai suoi diretti subordinati opinioni e idee, ascoltando le loro preoccupazioni. Con l'aiuto di un coach, continuò a seguire il suo piano di sviluppo per circa 6 mesi. Poi disse al coach che francamente non vedeva alcun cambiamento e si chiese se valeva la pena di fare tutto quello sforzo.

Il coach convinse però Randy, prima di arrendersi, a chiedere semplicemente alle persone quale era stato l'impatto del suo cambiamento di atteggiamento. Fu esterrefatto dalle risposte che ricevette. Tutti i suoi diretti subordinati dissero che era diventato molto più avvicinabile e che si sentivano maggiormente a loro agio nel riferirgli i problemi… problemi che successivamente risolvevano beneficiando dell'esperienza di Randy. Tutti ritenevano di essere diventati molto più produttivi. Dopo quella riunione, Randy cominciò ad agire con entusiasmo. Cercò di capire più a fondo in che cosa consisteva la team leadership 9,9 e come poteva metterla in pratica completamente.

L O STUDIO del caso di Randy dimostra un importante aspetto della leadership: i suoi punti di forza e i suoi limiti *individuali* avevano un profondo impatto sull'efficacia dei suoi gruppi di lavoro. Il passaggio di Randy ad un atteggiamento più aperto verso le persone ha determinato una maggiore apertura e produttività del suo team. Ecco una situazione simile:

> Susan si identificava veramente nei valori della Griglia Manageriale e in altri approcci "illuminati" di leadership. Persona sincera, ben intenzionata, Susan è, però, anche piuttosto sulle difensive. Quando si trova coinvolta in un conflitto con altri manager, la sua strategia consiste nello sfidare le persone a fare "la cosa giusta" per l'organizzazione. Chi lavora con Susan trova difficoltà a esprimere ciò che li infastidisce nelle interazioni con lei. Dopo un'attenta riflessione, i subalterni hanno realizzato che con il suo costante riferimento a fare la cosa giusta ("giusta" secondo lei), stava cercando in maniera subdola di controllare i valori e gli obiettivi dell'organizzazione.

Al contrario del gruppo di Randy, le persone che lavorano *per* Susan normalmente smettono di cercare di collaborare *con* lei perché non sono in grado di coinvolgerla in una discussione franca sui problemi. Se ci provassero, lei tirerebbe subito fuori il suo motto "dobbiamo fare la cosa giusta", studiato per porre fine alla discussione e portare le persone verso il suo modo di pensare. Susan applicava fondamentalmente una strategia da Modello I, basata su presupposti quali proteggere se stessa e non fidarsi degli altri, che l'hanno condotta all'apprendimento a senso unico.

Raggiungere la visione del Modello dei Tre Cerchi, creando interazioni che guidano l'esecuzione di strategie aziendali, richiede più che un senso di illuminazione personale. Come illustrano le storie di Randy e Susan, la transizione dalla consapevolezza e dal comportamento individuali verso team e organizzazioni efficaci è impegnativa. Dobbiamo spostarci oltre un senso di illuminazione personale per modellare i comportamenti del gruppo e aziendali in linea con i nostri obiettivi.

I capitoli seguenti presentano idee consolidate che illustrano:

* *La necessità di gestire la propria sfera d'influenza*: ognuno di noi è parte di un sistema dinamico, nel momento in cui interagisce con gli altri. Il compito di un leader è quello di creare un clima di crescita e apprendimento che spinga verso la produttività e i risultati, modellando la qualità e la sostanza delle interazioni con i capi, i pari livello ed i subalterni.

* *Il potere delle norme culturali*: le abitudini del team e dell'organizzazione influenzano il comportamento degli individui più di quanto non si immagini. Per creare un cambiamento duraturo, queste norme devono essere cambiate.

* *Come modellare la struttura del team o dell'organizzazione* comprendendo come la diversità in un team sia critica ai fini dell'efficacia e del raggiungimento di risultati importanti.

— 6 —

Gestire la propria sfera d'influenza

Molti executive si sarebbero sorpresi se avessero scoperto che "chiacchierare" non veniva naturale al loro CEO, Kathy. Ogni giorno pranzava con il manager della banca, con un cliente, o magari si intratteneva con il sindaco. Era una specie di leggenda all'interno dell'azienda per aveva dato inizio alle cosiddette "executive breakfast" mensili, colazioni informali tra executive, inizialmente frequentate con scetticismo, ma che si erano poi rivelate utili per tutto l'executive team, per tenersi aggiornati sugli sviluppi importanti della società.

# # #

Nathan era orgoglioso della sua promozione a supervisore. La sua peggiore paura era quella di mandare tutto all'aria in qualche modo. Non gli ci volle molto a capire che erano molte le cose che non sapeva. Ma non si arrese. Invece, si impegnò a parlare con gli altri supervisori e a chiedere i loro consigli. Stabilì anche degli incontri individuali con ciascuno dei rappresentanti dei suoi fornitori principali.

# # #

Irene era il nuovo Presidente di una grande divisione di una multinazionale. Non le fu necessario molto tempo per accorgersi della differenza tra due dei suoi diretti riporti, Teri e Jacob. Teri sembrava nutrire solo disprezzo per le sue controparti nella sede centrale(i "corporate headquarters"). Quando era coinvolta in una situazione che richiedesse la collaborazione della sede centrale, Irene doveva inevitabilmente intervenire per tranquillizzarla. Quando la responsabilità era affidata a Jacob, tutto filava liscio. Irene sapeva con sicurezza che Jacob aveva dedicato molto tempo a sviluppare rapporti personali con molte persone della sede centrale.

DA UN punto di vista cinico, potrebbe sembrare che Nathan, Kathy e Jacob stiano intessendo trame politiche, cercando di manipolare le persone per servirsene ai loro fini. In realtà, stavano tutti esercitando una buona leadership. In virtù del proprio ruolo, i leader raramente si occupano del lavoro di routine dell'organizzazione. Il loro compito è invece quello di rendere possibili passi avanti verso il successo della loro unità. Realizzano questo intento imparando a capire a fondo i bisogni e le capacità di coloro sui quali hanno autorità o influenza, e comprendendo come plasmare le opinioni e le decisioni di coloro che hanno autorità o influenza su di loro e sull'organizzazione. Ciò crea una ***sfera d'influenza*** (vedere la Figura 16) che definisce l'ambiente critico di un leader.

Figura 16: Sfera d'influenza

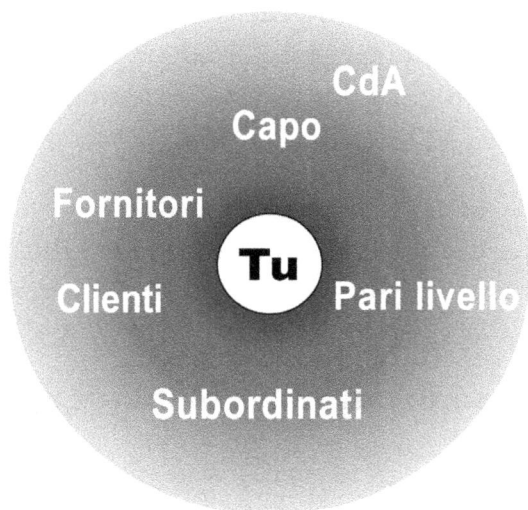

Ognuno di noi ha la propria sfera d'influenza; quanto più in alto siamo nell'organizzazione, quanto maggiore è la sfera e il suo potenziale impatto. Ad esempio, i top leader di un'organizzazione...

- Hanno sfere di influenza che si estendono ben oltre i confini dell'organizzazione

- Possono arrestare il progresso o aprire nuove opportunità per raggiungere gli obiettivi, come nessun altro membro del team potrebbe

- Modellano il modo in cui gli altri lavorano entro le loro sfere d'influenza.

In effetti è facile sostenere che il compito primario di un leader è quello di creare le condizioni per il successo dell'organizzazione attraverso la gestione della propria sfera d'influenza. La capacità di un leader di raggiungere i risultati desiderati è determinata dalla qualità e dalla sostanza delle sue interazioni con gli altri: che cosa scelgono di presentare agli altri, quali informazioni richiedono agli altri, come si relazionano con gli altri gruppi o con le singole persone, e così via.

La propria sfera d'influenza si gestisce in vari modi. Osserviamo due modi in cui il leader 9,9 *"Team-oriented"* gestisce proattivamente la propria sfera d'influenza.

I. Processo decisionale/pianificazione

In molte organizzazioni, chi riveste posizioni di potere e autorità prende tutte le decisioni; in altre, le decisioni sembrano semplicemente sopraggiungere, e nessuno è ben consapevole di come ciò si verifichi. I leader consapevoli della necessità di gestire efficacemente la loro sfera d'influenza sanno che è importante *decidere come decidere*: utilizzano capacità di giudizio, esperienza e maturità per prendere decisioni ponderate su *chi* coinvolgere e *in quale momento* nella pianificazione e nel processo decisionale.

Parlando più in generale, un leader può scegliere una delle seguenti quattro modalità del processo decisionale:

- Da solo: il leader agisce in modo unilaterale

- Da pari a pari (*"one on one"*): il leader coinvolgerà un'altra persona nel processo decisionale/pianificazione

- Con gli altri (*"one on some"*): il leader coinvolgerà molte altre persone nella decisione

- Con tutti (*"one on all"*): il leader coinvolgerà l'intera organizzazione.

Il principio di base è che se qualcuno o qualche gruppo è impattato da una decisione, deve in qualche modo partecipare al processo decisionale. Questo coinvolgimento può avvenire in vari modi:

- Si può essere informati quando una decisione è stata presa

- Può essere richiesto di fornire input/opinioni

- Può essere richiesto di raccogliere dati

- Può essere richiesto di valutare le opzioni

- Può essere richiesto di prendere la decisione

Un processo decisionale efficace è un aspetto rilevante che distingue l'orientamento 9,9 dagli altri stili, in quanto:

- *Il coinvolgimento e l'impegno ("commitment")* nelle decisioni migliora la possibilità di un sostegno a lungo termine e un'efficace implementazione; non è sufficiente avere *condiscendenza* verso a una decisione (*"compliance"*)

- Con i giusti processi di management, 2+2 può fare più di 4: sinergia e creatività esplodono quando le persone sono coinvolte nel momento giusto e nel modo giusto.

- Le persone si sentono più coinvolte quando i propri obiettivi personali sono allineati con quelli dell'organizzazione.

2. Capitalizzare le capacità dei membri del team

Miriam era a capo di un team di lavoro ristretto, ma di alto livello. Sapeva da passate esperienze che i suoi punti forti erano un pensiero e una visione creativi; la sua debolezza era invece lo scarso interesse per l'implementazione! Affinché il suo gruppo fosse efficace, sapeva che doveva inserire nel suo team persone che potessero stimolare la sua creatività o essere in grado di assumersi la responsabilità di portare a termine i progetti.

In maniera piuttosto intenzionale, Miriam lavorava efficacemente con la sua sfera d'influenza, facendo scelte deliberate sulle capacità che cercava e che incoraggiava nelle persone del suo team. Il suo istinto trova conferma in una ricerca scientifica. Negli anni '70, Meredith Belbin (ora docente alla Cambridge University) e i suoi collaboratori studiarono per nove anni una vasta serie di management team che partecipavano a programmi di formazione e sviluppo per executive (programmi di MBA)e che si cimentavano in situazioni che simulavano le difficoltà del mondo reale. Ogni individuo coinvolto negli esercizi di team venne sottoposto a specifici test sulle proprie capacità psicometriche e mentali prima di partecipare alle simulazioni. Il gruppo di Belbin accumulò un'enorme quantità di dati sulla relazione tra successo del team, fattori legati alla personalità, capacità mentali e creatività. Questo studio è unico, nel senso che mette in relazione diretta le capacità specifiche dei membri del team con il successo o il fallimento del team.

La scoperta fondamentale di Belbin consiste nel dimostrare che ognuno di noi esegue naturalmente una o più funzioni o ruoli specifici in un team e che, *per essere un team altamente efficace, tali ruoli devono essere equilibrati all'interno del team.* (E Belbin era in grado di *prevedere con precisione* quali team avrebbero avuto successo e quali avrebbero fallito, in base ad un mix di tali ruoli presenti all'interno del team.)

In tutto, la ricerca di Belbin identificò nove ruoli diversi che individuano le particolari modalità con cui i membri di un team contribuiscono al successo del team (vedere la Tabella 2, pagina successiva). I ruoli in cui noi siamo più efficaci, che ci vengono più naturali, sono i nostri *ruoli preferiti* (molti di noi ne hanno più di uno). Ognuno di noi può anche ricoprire efficacemente altri ruoli, che Belbin definisce *gestibili*, sebbene ciò determini in noi un certo livello di stress. I ruoli per i quali non siamo per nulla adatti sono quelli che Belbin definisce i *meno preferiti*; possiamo essere costretti a svolgerli, ma saremmo in condizioni di forte stress e probabilmente offriremmo una scarsa performance. Ogni individuo ha il proprio mix di ruoli preferiti, gestibili e meno preferiti.

È significativo il fatto che Belbin abbia scoperto anche che le caratteristiche personali che creano un dato punto di forza, generalmente sono accompagnate da specifiche carenze o *debolezze consentite* (*"allowable weaknesses"*). Queste due componenti creano un unico pacchetto: non è possibile avere dei punti di forza senza avere anche dei punti deboli. I team efficaci riconoscono questo fatto e deliberatamente modellano la composizione del team in modo da creare un

Tabella 2: Team Role

Ruolo	Contributo del ruolo del team	Debolezze consentite
Plant (Creativo)	Creativo, geniale, innovatore. Risolve problemi difficili.	Ignora i dettagli. Troppo preso dalle proprie idee e pensieri per comunicare efficacemente.
Resource Investigator (Ricercatore di risorse)	Socievole, entusiasta, comunicativo. Esplora opportunità. Sviluppa contatti.	Eccessivamente ottimista. Perde interesse una volta che è svanito l'entusiasmo iniziale.
Coordinator (Coordinatore)	Saggio, sicuro di sé, è un buon moderatore. Chiarisce gli obiettivi, promuove l'assunzione di decisioni, sa delegare.	Può essere giudicato un manipolatore. Scarica sugli altri il lavoro personale
Shaper (Modellatore)	Sfidante, dinamico, dà il meglio di sé quando è sotto pressione. Possiede l'impeto e il coraggio per superare gli ostacoli.	Può essere provocatorio. Offende i sentimenti altrui.
Monitor / Evaluator (Valutatore analitico)	Equilibrato, buon stratega, perspicace. Considera tutte le diverse opzioni. Giudica accuratamente.	Manca di impeto e non sa ispirare gli altri. Eccessivamente critico.
Team Worker (Collaborativo)	Collaborativo, mite, percettivo, pieno di tatto. Ascolta, costruisce, previene le tensioni, calma le acque.	Indeciso nelle situazioni critiche. Può essere facilmente influenzato.
Implementer (Implementatore)	Disciplinato, affidabile, conservatore ed efficiente. Traduce le idee in realizzazioni pratiche.	Piuttosto inflessibile. Lento a rispondere a nuove possibilità.
Completer / Finisher (Rifinitore)	Scrupoloso, coscienzioso, zelante. Ricerca gli errori e le omissioni. Rispetta le scadenze.	Incline a preoccuparsi eccessivamente. Ansioso. Restio a delegare. Può cercare il classico pelo nell'uovo.
Specialist (Specialista)	Focalizzato, pieno di iniziativa, dedito. Fornisce conoscenze e competenze in modo eccezionale.	Dà il proprio contributo solo in un ambito ristretto. Si dilunga sugli aspetti tecnici. Trascura il quadro generale.

buon equilibrio. Un "Plant" (Creativo) naturale non sarà mai bravo per i dettagli; qualcuno che eccelle come "Team Worker" (Collaborativo) potrebbe non essere abbastanza determinato per essere il team leader.

La ricerca di Belbin possiede applicazioni molto pratiche per i leader che vogliono dare forma a team di lavoro efficaci. Belbin ha identificato combinazioni specifiche in grado di predire l'efficacia o l'inefficacia di un team:

Fattori che contribuiscono a team inefficaci

1) Assenza di *"Monitor Evaluator"* (Valutatori analitici): il team difficilmente sarà in grado di soppesare attentamente le opzioni nel prendere le decisioni.

2) Troppi *"Monitor Evaluator"*: troppa analisi porta alla paralisi e schiaccia la capacità creativa.

3) Assenza di *"Completer/Finisher"* (Rifinitori) e *"Implementer"* (Implementatori): il team creerà buone strategie ma non le porterà a termine.

Fattori che contribuiscono a team efficaci

4) L'inclusione di un *"Plant"* (Creativo) nel team porta ad avere più idee e migliori strategie, ma richiede anche *"Monitor Evaluator"* e *"Coordinator"* (Coordinatori).

5) I *"Resource Investigator"* (Ricercatori di risorse) forniscono un orientamento verso l'esterno.

6) Gli *"Shaper"* (Modellatori) riconosceranno la necessità dell'urgenza che avrà un impatto significativo sui risultati, essenziale per team ad alte prestazioni.

7) Avere troppi *"Shaper"* comporta un eccessivo conflitto. Accertarsi che vi sia un "Team Worker" (Collabora-tivo) per agevolare le relazioni.

8) Disporre di uno *"Specialist"* (Specialista) in situazioni in cui occorre una conoscenza specialistica.

I team che non hanno un buon equilibrio di ruoli o un piano per affrontare le carenze possono essere destinati al fallimento. Ma questo non significa che ogni team necessiti di nove membri, con una persona per ogni singolo ruolo dei nove. Come già fatto presente, le persone tendono ad essere portate per diversi ruoli, e la soluzione consiste nell'accertarsi che vi sia il giusto mix di ruoli nel team.

In breve, per modellare al meglio i loro team (sia quelli a cui partecipano sia quelli che gestiscono), i leader dovrebbero:

• Conoscere chiaramente i ruoli preferiti di ciascuno all'interno del team: i ruoli in cui ognuno ha attitudini e sviluppate capacità

• Strutturare attentamente i team per raggiungere un buon equilibrio di ruoli

• Utilizzare deliberatamente i diversi punti di forza dei vari membri del team e compensare i punti deboli

---

Determinare i ruoli preferiti

Il processo di valutazione dei punti forti e dei punti deboli di un team è stato reso pratico e accessibile da un software che automatizza il processo. Utilizzando questo software, è possibile...

• Determinare il "ruolo preferito" di un individuo, in base a come è percepito da lui stesso e dagli altri

• *Valutare le dinamiche del team, indicando le persone che dovrebbero ricoprire questo o quel ruolo*

Capire quali sono i ruoli preferiti è una rivelazione per molte persone, che finalmente si spiegano perché i team precedenti di cui hanno fatto parte hanno avuto successo o sono falliti. Scoprono quali sono i propri ruoli preferiti, i punti forti e deboli che corrispondono a ciascun ruolo. C'è un senso di liberazione nel realizzare che i punti deboli esistono proprio perché ci sono i punti forti, e che questi punti deboli "vanno bene" nella misura in cui sono gestiti.

Questo principio si applica a tutti i tipi di team, da quelli di progetto a quelli di funzione. Miriam, l'executive descritta poc'anzi, applicava questa conoscenza per gestire meglio la propria sfera d'influenza, creando volontariamente un equilibrio tra punti forti e "punti deboli consentiti" nel suo management team.

L'ingranaggio ben oliato

Tutti sappiamo bene che cosa distingue un leader; formale o informale che sia, si tratta di potere e autorità. Le sue azioni e decisioni hanno un impatto molto superiore a quelle degli altri nell'organizzazione. Questo perché un leader efficace 9,9 è come un ingranaggio ben oliato al centro di un complesso meccanismo, che fa sì che il lavoro dell'organizzazione proceda in modo fluido ed efficiente. Per contro, un leader inefficace è come un ingranaggio arrugginito, che impedisce il progresso ad ogni svolta.

Nei capitoli precedenti di questo libro si trovano i suggerimenti per essere sicuri di non essere un ingranaggio arrugginito: essere consapevoli delle proprie tendenze di leadership, lavorare per ridurre l'atteggiamento difensivo, studiare l'apprendimento a doppio senso, e aprire la propria finestra di Johari. È stato aggiunto un nuovo pezzo al puzzle: il leader deve essere conscio della propria sfera d'influenza e, per essere più efficace, deve scegliere deliberatamente come interagire con tale sfera.

Riepilogo del capitolo 6

- *Ciascuno di noi dispone di persone che può influenzare con la propria posizione nell'organizzazione e/o con le relazioni che ha sviluppato (la nostra sfera d'influenza).*

- *I leader più efficaci gestiscono consapevolmente la propria sfera d'azione: a) prendendo iniziative per sviluppare le relazioni con coloro che rientrano nella loro sfera; b) effettuando scelte appropriate sul coinvolgimento degli altri nel processo decisionale; e c) selezionando consapevolmente i membri del team, in base ai loro ruoli preferiti per accertarsi che il team nella sua globalità possieda un'efficace compensazione fra capacità e punti deboli.*

— 7 —

La mano forte e silenziosa che modella il comportamento

NEL LORO libro, *Productivity: the Human Side*, Blake e Mouton riferiscono la seguente storia:

> Dei dieci stabilimenti di una società chimica, nove possedevano uno stato di servizio della sicurezza esemplare. Il decimo era diverso: la sicurezza era una barzelletta. Per quasi dieci anni, la società provò di tutto per migliorare la sicurezza di quell'impianto. Il management parlò di sicurezza in ogni possibile occasione, sottolineando lo scarso stato di servizio dello stabilimento. Ma nulla cambiò. Furono licenziati tutti i supervisori. Ma di nuovo, non cambiò niente. Furono licenziati i supervisori dei supervisori. Nessun cambiamento.
>
> Alla fine furono chiamati alcuni esperti di comportamento organizzativo che divisero i dipendenti dello stabilimento in piccoli team. Ad ogni team fu posta

la seguente domanda, "Abbiamo un pessimo stato di servizio della sicurezza. Quali possono essere le cause e cosa possiamo fare?" Dopo numerosi sfoghi ed esternazioni ("Non è colpa nostra!"), uno ad uno i team arrivarono ad ammettere: "E' probabile che il problema siamo noi". I team iniziarono a proporre idee da realizzare come team e come singoli per migliorare la sicurezza. Nel giro di un anno, lo stabilimento ebbe lo stato di servizio della sicurezza migliore della società, tuttora in essere.

Finora abbiamo esaminato i modi in cui possiamo incidere sul nostro proprio comportamento personale e diventare consapevoli di come influenzare coloro che ci circondano. I prossimi passi per diventare un leader efficace sono:

1) Comprendere come il comportamento evolve a livello di gruppo o di organizzazione

2) Comprendere come influenzare il comportamento del gruppo.

In breve, se volete ottenere risultati migliori dalle persone, è utile capire come si formano i loro comportamenti. In che modo la società descritta da Blake e Mouton ha modificato il comportamento aziendale? Utilizzando una strategia 9,9 per esprimere apertamente i comportamenti standard o accettati (le **norme**), in modo che ognuno potesse riconoscere e occuparsi di quelle che impedivano lo sviluppo. Le norme sono schemi di comportamento a livello di gruppo o aziendale guidate da forze per lo più nascoste. (Il singolo ha *abitudini*; le organizzazioni hanno *norme*.) L'impatto delle norme sul comportamento è così grande che è spesso definito "la mano forte e silenziosa" che guida l'organizzazione.

Pochi di noi descriverebbero i propri comportamenti come rispondenti ad una norma, in parte perché siamo inconsapevoli del fatto che le nostre azioni sono abilmente influenzate nel corso del tempo, e in parte poiché non amiamo pensare che stiamo seguendo il gregge. Eppure succede, e, comprendendo le norme e il modo in cui si sviluppano a livello del team (o del gruppo), nonché dell'azienda, è possibile:

- Apprezzare lo sforzo che sarà necessario per compiere un esteso cambiamento comportamentale nell'organizzazione
- Individuare le attuali norme che limitano l'efficacia.

Comprendere le abitudini aziendali

Ogni gruppo, sia un nuovo team di 3 persone o una grande società di 3.000, ha determinate tradizioni, pratiche precedenti e passate che danno forma ad un comportamento "aggregato" accettato: le proprie *norme*. Si tratta di regole non scritte, a cui le persone aderiscono quasi inconsciamente; ogni loro violazione li mette a disagio. Pensate ad un gruppo o un team di cui avete fatto parte, ad esempio. Quali erano le vostre pratiche standard su:

- *Come venivano prese le decisioni?* Guidate dal capo, con la regola della maggioranza, con il lancio della monetina, con il consenso, o talmente discusse e sviscerate al punto che nessuna decisione veniva mai presa?

- *Com'erano gestiti i conflitti?* Repressi, evitati cercando di accontentare tutti, appianati, o ignorati fino a quando non esplodevano?

- *Come erano impostati e comunicati gli obiettivi?* Erano chiaramente compresi da tutto il team? Il team condivideva gli obiettivi oppure erano imposti dal capo?

- *Come venivano gestite le riunioni?* Le persone arrivavano puntuali? Con un quarto d'ora di ritardo? Le persone venivano per portare il proprio contributo o solo per ascoltare?

Ampliate un po' il vostro raggio d'azione, e scoprirete che state veramente cercando un sistema di comportamento all'interno di un'organizzazione o, in altri termini, la *cultura di un'organizzazione*, che incide sul modo in cui il vostro team e ogni persona e gruppo dell'organizzazione si comporta (vedere Tabella 3, le due pagine successive).

Fra tutte queste pratiche o abitudini create dal sistema culturale organizzativo, se volete capire il più possibile come è strutturata una determinata cultura organizzativa, potete studiarne due in particolare: come vengono esercitati il potere e l'autorità e come vengono risolti i conflitti. Il terzo aspetto molto eloquente da cui potete evincere molto della cultura organizzativa sono gli eroi dell'organizzazione, il suo folklore!

La chiave per valutare le norme è considerare se sono produttive o controproducenti per il vostro team e la vostra organizzazione. Ad esempio, alcuni anni fa una vecchia società di informatica si entusiasmò alla tematica del

TABELLA 3: Tipiche aree in cui si producono norme organizzative

Pianificazione: top down? Le idee sono condivise? Circolano in tutta l'organizzazione? Le persone discutono e negoziano gli obiettivi in modo realistico?

Potere e autorità in termini di...
Risoluzione dei conflitti: le differenze sono discusse apertamente? Le persone discutono le reali questioni di business, o sulle differenze di personalità o di approccio? Un'educazione e cortesia di facciata copre i disaccordi di fondo?
Processo decisionale: c'è discussione? Le persone cercano il consenso? Si ricorre al voto di maggioranza?

Collaborazione di gruppo: come viene gestito il conflitto? I gruppi parlano tra di loro? Provano a minare l'uno il lavoro dell'altro? Operano a compartimenti stagni (silos), scambiandosi commenti velenosi l'un l'altro?

Comunicazioni top-down (qualità e frequenza): nelle aziende più produttive, i capi sono altamente visibili e spesso riferiscono i messaggi di persona.

Principi: un'organizzazione forte spesso possiede principi di base molto motivanti. Una società farmaceutica con 100 anni di storia alle spalle ha per lungo tempo promosso un sincero atteggiamento al servizio della salute pubblica.

Folklore: chi sono gli eroi all'interno dell'organizzazione? Cosa hanno fatto per conquistare questo status? Lavorano molte ore? Fanno tutto da soli? Avvicinano le persone?

Gruppi con uno status più elevato: i gruppi all'interno di un'organizzazione che hanno lo status più elevato sono spesso indicativi di coloro che sono veramente alla guida dell'organizzazione. In un'azienda market-driven, le persone del marketing occupavano i posti di lavoro migliori, avevano i salari più elevati, le unità di lavoro più grandi, ecc.

TABELLA 3

Tempo al lavoro: le persone sono puntuali? Abitualmente in anticipo o in ritardo? Una società altamente efficace aveva una norma per la quale le persone avevano lunghi pranzi di lavoro. Quando un dipendente di quella società se ne andò in un'altra società, imparò presto che lunghi pranzi erano inaccettabili: le persone dovevano pranzare in mezz'ora, non di più, non di meno. Era stato messo in carreggiata dalla mano silenziosa!

Sicurezza: immaginate di entrare in una riunione ordinaria mentre il responsabile della riunione sta dicendo a tutti di individuare la più vicina uscita di sicurezza, togliere le sedie dal percorso di uscita, esaminare le sedie per vedere se vi sono eventuali gambe rotte o malferme, ecc. Può sembrare esagerato? No se lavorate in una fonderia di rame, in cui la sicurezza è considerata vitale per accertarsi che le persone vadano a casa vive alla fine della giornata. In quell'ambiente, la sicurezza non era qualcosa a cui le persone potessero pensare occasionalmente, doveva rientrare nella routine della riflessione quotidiana sul lavoro.

Codice di abbigliamento: in molte società high-tech e internet, la tenuta è costituita dai blue jeans. Con un vestito vi sentireste fuori luogo. L'inverso vale per Wall Street.

Il capo è un dio: potete essere capitati in un'organizzazione in cui al CEO è sufficiente dire alla sua segretaria di "organizzare una riunione… ora" e tutti smettono di fare quello che stanno facendo per partecipare alla riunione. È molto fastidioso. In una società in cui è stata istituita questa norma, il CEO ha finito per andarsene. Ma il nuovo CEO ha deciso che gli piaceva quel modo di fare. Dopo tutto, il suo tempo non era forse più prezioso di quello degli altri?

Straordinari: è risaputo che se entrate in una nota società di telecomunicazioni, con molte probabilità dovrete affrontare un divorzio perché è previsto che dobbiate lavorare 80 ore la settimana o più. Notti e weekend non vi appartengono più. Mentre molti di noi potrebbero considerare questo irragionevole, questa azienda non inganna le persone con false aspettative. È tutto dichiarato prima dell'assunzione.

teamwork. Tutti affrontarono un lungo percorso di formazione al lavoro in team, e il nuovo CEO (con ogni probabilità un leader paternalistico in termini di Griglia Manageriale) introdusse una cultura orientata al team. Ma alcuni anni dopo, le nuove norme sul lavoro di squadra e sul coinvolgimento si dimostrarono disastrose. Non si riusciva a fare nulla senza coinvolgere quasi tutti, e la produttività scese significativamente. (In temimi di Griglia Manageriale, si può dire che vi era stata una svolta verso un'atmosfera di tipo *"Country Club"*, molto interesse per le persone e poco interesse per la produttività). Ci volevano mesi per realizzare e mettere in funzione un progetto. Quello che iniziò come uno sforzo ben intenzionato per coinvolgere maggiormente i dipendenti nel loro lavoro e nell'ambiente di lavoro si trasformò in norme che danneggiavano l'efficacia e la produttività.

Come si sviluppano le norme

Immaginate di essere nella fase iniziale di una nuova linea di produzione di un articolo. Assumete 10 persone e le fate lavorare per 20 minuti, quindi contate quanti oggetti ha prodotto ciascuno di loro. All'inizio, vedrete molte variazioni nella produzione: una persona ne avrà fatti 15, e un'altra solo 5. Mostrerete a tutti i risultati, quindi chiederete alle persone di lavorare per altri 20 minuti. Contate e pubblicate i risultati, e poi fate andare la linea per una terza volta, quindi continuate questo ciclo. Nel corso del tempo vedrete che il livello di produzione di tutti convergerà verso il medesimo numero, probabilmente 9 o 10 oggetti. Senza neanche parlarne apertamente, il gruppo avrà creato una sua norma interna alla quale la maggior parte delle persone nel gruppo si conformerà.

Intuitivamente, noi tutti sappiamo che questo accade. Lavorate per una società in cui le persone iniziano le riunioni con puntualità, poi passate ad un'altra società in cui le riunioni normalmente iniziano in ritardo. Molto presto, arriverete anche voi in ritardo alle riunioni.

Data la rapidità e la facilità con cui le norme si sviluppano in un'organizzazione, è importante per un executive comprendere i fattori chiave che ne influenzano la creazione: *convergenza, conformità* e *coesione*.

Convergenza

Robert Blake e Jane Srygley Mouton, il cui lavoro sulla Griglia Manageriale è stato analizzato nei capitoli precedenti, erano noti per il lavoro scientifico condotto sui comportamenti di base che dimostra come la convergenza e la coesione portano uniformità di comportamento nell'impostazione di un gruppo. In realtà, il *case study* sulla produzione di oggetti sopra descritto è basato su di un caso citato da Blake e Mouton. Nell'esperimento reale, molte persone della prova furono portate in una stanza oscurata, chiedendo loro di fissare un punto luminoso ivi presente. Sebbene la luce fosse fissa, tutti pensavano che si spostasse (potete fare la stessa esperienza quando di notte guardate un cielo stellato). Ad ogni soggetto è stato chiesto di dire di quanto si spostava la luce. Inizialmente, la differenza delle risposte era considerevole: uno poteva descriverlo come uno spostamento di pochi centimetri, un altro come di quasi un metro.

L'esperimento continuava con la luce che veniva fatta lampeggiare in rapide successioni. Nel frattempo, ai partecipanti veniva chiesto ancora di affermare le proprie percezioni su quanto la luce si era spostata. Con poche prove, il numero di movimenti sperimentati dai singoli convergeva su di un solo numero (circa 30 centimetri). Ogni volta che si ripeteva questo esperimento, i risultati erano esattamente gli stessi: nonostante le stime iniziali fossero decisamente diverse, i partecipanti convergevano rapidamente su di una sola risposta.

Questo fenomeno si verifica ogni volta che le persone di un gruppo reagiscono ad un'esperienza insolita. Sebbene le reazioni personali varino molto all'inizio, tali reazioni tendono ad uniformarsi, ossia a convergere, man mano che l'esperienza comune continua. Succede la stessa cosa in ambito sociale. Atteggiamenti, opinioni e sentimenti in un gruppo tendono a convergere, formando norme di gruppo.

Dagli esperimenti di Blake e Mouton appena citati possiamo ricavare altre due lezioni:

- *La convergenza è invisibile per coloro che la sperimentano: uno sperimentatore neutrale, sconosciuto ai partecipanti, li ha intervistati individualmente dopo l'esperimento.* Invariabilmente, i partecipanti hanno affermato di *non* essere stati influenzati dal resto del gruppo. Anzi, le persone negavano con crescente convinzione di essere state influenzate dagli altri. I giudizi vengono sperimentati in maniera estremamente personale. Dalle interviste possiamo dedurre che le persone generalmente non riescono a riconoscere fino a che punto i loro atteggiamenti, opinioni, sentimenti e azioni sono influenzati da altre persone. L'influenza delle norme sugli atteggiamenti personali a questo punto è consolidata, ma le persone non riescono a vederla.

• *Le norme sono persistenti:* quando i partecipanti sono portati a ripetere l'esperimento individualmente, piuttosto che come parte di un gruppo, invariabilmente valutano il movimento della luce in maniera molto prossima alla norma stabilita dalla prova precedente. Ciò dimostra che una volta verificatasi, la convergenza produce un'influenza persistente sul modo in cui le persone reagiscono alle future esperienze del medesimo tipo.

Per quanto semplice sia, questo esperimento chiarisce come la convergenza agisca nella vita aziendale. Spiega come le persone tendano a spostare i loro atteggiamenti, opinioni, sentimenti e azioni verso un denominatore comune. Quando realizziamo il significato delle norme all'interno delle organizzazioni, realizziamo anche che la convergenza attorno a dette norme può condizionare la produttività: se un individuo lavora in un team che stabilisce e si attende alte prestazioni, tale individuo, in modo simile agli altri membri del team, si muoverà verso standard elevati. Vale anche il contrario: se il team non produce prestazioni elevate, anche i singoli del team agiranno ad un livello inferiore.

La convergenza sembra spesso verificarsi in modo spontaneo e naturale. Ma quali sono le condizioni che incoraggiano la convergenza e la formazione di norme? Troveremo delle risposte a questa domanda se capiremo i concetti di conformità e coesione.

Conformità e coesione

In un secondo esperimento citato da Blake e Mouton, sette persone di un gruppo leggono il "caso di Johnny Rocco," la storia che descrive le decisioni che un sistema scolastico deve affrontare nel trattare con un ragazzo che sta per cominciare le scuole superiori e che si è comportato male. Johnny deve essere amato o punito, e fino a che punto?

Quando le sette persone iniziano a discutere l'argomento, si trovano presto d'accordo in linea generale. A causa del modo in cui il caso è descritto, le persone generalmente concordano nel sostenere che sarà l'amore piuttosto che una punizione ad aiutare Johnny.

A questo punto dell'esperimento, un altro membro (che fa parte del team dei ricercatori) si aggiunge al gruppo. Il nuovo arrivato è a favore della punizione: non la più severa possibile, ma abbastanza forte da portare Johnny a riconoscere l'inadeguatezza delle sue azioni. I sette membri iniziali non sanno che colui che invoca la punizione è stato istruito ad adottare quella posizione in virtù dell'esperimento. (Questo fatto sarà rivelato solo successivamente.)

Quando l'ottavo membro si unisce al gruppo, l'attenzione si sposta in modo sensazionale. L'atteggiamento del gruppo è chiaro: questo nuovo membro deve essere convinto che la punizione è inappropriata. I sette membri iniziali comunicano con il dissenziente, esprimendo una serie di argomenti al fine di persuaderlo a cambiare idea. Pochi provano a sondare la sua posizione o a capire le sue ragioni, e non è fatto alcuno sforzo serio per esaminare una soluzione differente da quella già convenuta.

Una volta esauriti gli argomenti contrari all'approccio punitivo, con il sostenitore della punizione che continua a mantenere una posizione indipendente, i sette voltano le spalle al "dissenziente". Sono d'accordo tra di loro sul trattamento amorevole e agiscono come se il sostenitore della punizione non esistesse più. In questo modo il dissenziente è effettivamente isolato; il gruppo si occupa dei fatti propri e cessa la comunicazione diretta con l'ottavo membro. In breve, quando un dissenziente rifiuta di cambiare la propria posizione, viene ignorato.

Poiché non esiste una risposta "giusta", questo esperimento indica come le pressioni a *conformarsi* vengono applicate quando il giudizio è soggettivo. Esamina anche un'altra questione: in che misura ai partecipanti piace o non piace il dissenziente? La questione dell'accettazione rispetto al rifiuto è basilare per la *coesione*, cioè il desiderio delle persone di rafforzare i legami all'interno del gruppo.

Nella fase successiva dell'esperimento, ai membri del gruppo viene comunicato che si devono riunire nuovamente, ma anche che le dimensioni del gruppo devono essere ridotte. A ogni membro del gruppo viene chiesto di classificare tutte le altre persone del gruppo in base alla loro preferenza circa chi debba partecipare e chi no in un'altra discussione, non più relativa al caso di Johnny Rocco. Le selezioni sono studiate in base alla frequenza con cui ogni membro del gruppo viene eliminato dalla futura appartenenza al gruppo stesso. La questione è se i membri del gruppo accetteranno il sostenitore della punizione con la stessa frequenza con cui accettano i sostenitori dell'approccio basato sull'amore. Se lo faranno, il fattore di coesione, secondo il quale le persone con la medesima opinione si piacciono vicendevolmente, sarà smentito.

Il risultato empirico è che il sostenitore della punizione è lasciato fuori dall'appartenenza al gruppo futuro con frequenza significativamente maggiore rispetto ai sostenitori dell'amore. Infatti, le persone preferiscono coloro che sono d'accordo con loro; selezionano coloro che, attraverso il *conformarsi*, rafforzino la *coesione* del gruppo. Il dissenziente, sebbene ignorato dopo che non si è riusciti a persuaderlo, non è dimenticato; viene attivamente scartato quando si tratta di partecipare a gruppi futuri.

Questo esperimento rivela un aspetto basilare delle dinamiche di gruppo che agisce per rafforzare la conformità: il prezzo di una continua deviazione da una norma del gruppo è il rifiuto. Altri studi rivelano che questo risultato è vero non solo quando le opinioni differiscono da quelle della maggioranza, ma anche quando le capacità non sono allineate o quando le emozioni sono diverse.

Blake e Mouton vanno avanti nel loro ragionamento sostenendo che a causa delle conseguenze negative che scaturiscono dall'esprimere convinzioni che deviano dalla norma, le persone possono arrivare a nascondere i loro veri sentimenti ed esprimere quelli a sostegno della norma di gruppo. Un caso simile a quello di Johnny Rocco è stato utilizzato per studiare i pareri dei membri di un gruppo quando erano portati a credere che la maggioranza del gruppo avesse una posizione diversa dalla loro posizione individuale. Questo studio rivela che una maggiore convergenza si verifica quando un membro del gruppo sa che la sua opinione sarà resa pubblica e non verrà mantenuta segreta. Inoltre, c'è maggiore convergenza se il membro di un gruppo sa che esiste una possibilità di essere rifiutato dal gruppo. I risultati suggeriscono che le pressioni anticipatorie esercitate da un gruppo su una persona agiscono su questa persona come se fossero reali.

Conformità e coesione al vostro servizio

Proprio come le norme stesse non sono in sé né buone né cattive, convergenza, conformità, e coesione possono lavorare per voi o contro di voi, in base agli standard del gruppo. Nel paragrafo che segue viene analizzato come è possibile evitare le trappole della convergenza in direzione di norme controproducenti e incoraggiare invece norme 9,9, altamente funzionali.

Modificare le norme del team e dell'organizzazione

Molti anni fa, l'industria aerea stabilì che una percentuale compresa fra il 60% e l'80% degli errori aerei poteva essere attribuito all'errore umano a causa di interazioni fallimentari fra i membri dell'equipaggio. Perché? L'industria aerea civile crebbe molto rapidamente negli anni successivi alla Seconda Guerra Mondiale. In quegli anni, molti piloti militari diventarono piloti delle compagnie aeree civili, portando con sé norme distruttive per la soluzione dei problemi di gruppo: atteggiamento difensivo, apprendimento a senso unico, e modelli mentali costruiti attorno a capacità e responsabilità individuali.

Nel 1978, un pilota della United Airlines si rifiutò di prendere in considerazione gli input del suo equipaggio, determinando una collisione disastrosa. La United concluse che sviluppare capacità non-difensive per la soluzione dei problemi era un fattore determinante per migliorare la sicurezza aerea. Un moderno aereo passeggeri non è luogo per un pilota difensivo che accentra il controllo in un momento di crisi e non utilizza tutte le risorse disponibili quando prende una decisione.

La United introdusse pertanto il primo "programma di gestione delle risorse in cabina di comando" incentrato sui comportamenti che gli equipaggi usano in situazioni di tensione e stress, e addestrò i piloti a risolvere i problemi in modo proficuo. Nel giro di tre anni dall'introduzione del nuovo programma, la United raggiunse un calo del 70% negli errori comuni di volo. In altre parole, si riuscì a cambiare le norme con cui agivano i team della cabina di comando. (Questo programma e le versioni aggiornate che seguirono oggi sono obbligatoriamente richiesti dall'Amministra-zione dell'Aviazione Federale a tutte le compagnie aeree USA.)

Nel 1989, Life Magazine dedicò due pagine di primi piani al capitano Al Haynes avvolto in bende, *un pilota della United Airlines. Haynes, il suo equipaggio e un pilota istruttore (che era un passeggero) hanno gestito l'atterraggio del loro DC-10 nei pressi di Sioux City, Iowa, anche dopo l'improvvisa esplosione verificatasi al motore posteriore che aveva causato la perdita totale di tutti i comandi idraulici, compresa la cloche. Salvarono 184 vite. Il capitano attribuì il riuscito superamento di questa improvvisa situazione di crisi mentre erano in volo alla formazione ricevuta per la gestione delle risorse in cabina di comando. Affermò, "Sono assolutamente convinto che nel nostro caso ha funzionato... Nessuno ha esitato o chiesto che cosa fare. Abbiamo ascoltato che cosa gli altri membri dell'equipaggio avevano da dire... Non avevamo procedure da seguire.... Dovevamo trovare una risposta tutti insieme. E ci siamo riusciti."*

In questo caso, come per ogni azienda, il miglioramento della performance del team viene dal passare da uno standard di comportamento *"Task-oriented"*, individuale, ad una serie di norme maggiormente *"Team-oriented"*. La lezione è di quelle che ogni team dovrebbe tenere bene a mente quando esamina le proprie norme:

- Quali sono le nostre norme?

- Quali norme *vogliamo* avere?

- Quali norme dovremmo mantenere? Quali nuove norme è necessario adottare? Quali norme dobbiamo cambiare?

Se un team *sa cosa vuole essere* e quindi capisce *dove si trova esattamente*, la conoscenza del divario (*gap*) fornisce una forte motivazione al cambiamento.

Identificare norme efficaci

In un certo senso, creare nuove norme può apparire un circolo vizioso esattamente come chi pratica l'apprendimento a doppio senso: è difficile instillare i comportamenti di leadership 9,9 a meno che non li si possieda già! Immaginiamo, ad esempio, di provare a cambiare le norme nella cultura di un team che è abituato a mantenere le cose in stato di equilibrio (una mentalità 5,5 del tipo non agitiamo le acque). I componenti di quel team difficilmente accetterebbero di sconvolgere lo status quo o di esprimere il proprio parere su qualcuno fornendo un feedback. Oppure pensiamo alle parole di un tipico *task master*, "Voglio avere il vostro feedback sincero." Chi riuscirebbe ad essere la prima persona che esprime un feedback critico?

Fortunatamente, ci sono alcuni facili passi da compiere per colmare il divario tra il punto in cui siete voi, il vostro team, e la vostra organizzazione e quello dove volete arrivare:

- *Discutere i vantaggi dell'apprendimento a doppio senso, e introdurre semplici sessioni di feedback o più in generale di osservazione e analisi critica per apprendere dall'esperienza.* Chiedere alle persone di parlare delle cose positive che il team sta facendo e delle cose che non funzionano bene, e di suggerire cosa potrebbe essere fatto in un altro modo. O semplificare ancora chiedendo a ciascuno di fare un elenco dei *Benefit* e *Concern*, in cui devono semplicemente affermare cosa gli piace del lavoro che stanno

facendo come team (*"Benefit"*) e quali sono le loro
aree critiche e di dubbio (*"Concern"*).

• **Discutere e rivedere le attuali norme del team e le
  regole di base (*"ground rule"*).** Far discutere il team
  su quali norme sono utili e quali ostacolano il team.
  Identificare quali nuove norme del team sarebbe
  utile adottare. (Utilizzare la Tabella 4, pagina 135,
  come punto di partenza.)

• **Sviluppare metodi per abbattere le barriere che allon-
  tanano il team dall'efficacia.** Decidere in gruppo
  che cosa impedisce al team di essere più efficace e
  studiare modi creativi per superare o aggirare queste
  barriere.

Quando si cerca di decidere quali norme sarebbero appropriate per il proprio team, può essere utile considerare come
punto di partenza l'orientamento della team leadership 9,9
discusso nella prima parte del libro. La Tabella 4 (pagina
successiva) fornisce alcuni esempi di comportamenti 9,9,
utili alla creazione di team molto efficaci.

Le norme ispirate alla leadership 9,9 creeranno un ambiente
con una valida comunicazione, un atteggiamento non difensivo, una chiara comprensione e condivisione degli obiettivi,
fiducia e rispetto reciproci, la volontà di discutere e affrontare le vere questioni spinose di fondo che normalmente non
vengono affrontate, un chiaro quadro dei ruoli, le reciproche
responsabilità, la capacità di dare e ricevere feedback.

Quando i membri del team avranno acquisito dimesti-
chezza nel dare feedback al team nel suo insieme, si potrà
passare alla fase successiva e stabilire una norma in base

TABELLA 4: Esempi di norme (abitudini) di gruppo 9,9

Definire gli obiettivi
- Il team discute i propri obiettivi
- Le differenze di opinione dei membri del team vengono analizzate e risolte
- L'intero team si impegna verso gli obiettivi concordati
- Gli obiettivi e i piani d'azione vengono documentati

Assegnare le responsabilità
- C'è una chiara idea di chi fa cosa e in quali tempi
- Il team utilizza misure di monitoraggio per assicurarsi che il lavoro sia completato in modo efficace
- I ruoli sono assegnati in modo da utilizzare al meglio gli interessi e le competenze dei membri del team
- Sono apportati cambiamenti nell'assegnazione dei ruoli per migliorare la capacità del team di raggiungere gli obiettivi

Gestione dei conflitti
- I membri del team mostrano apertamente le differenze di opinione
- I membri del team gestiscono il conflitto costruttivamente, lo considerano uno strumento creativo
- Utilizzano la capacità di "estrarre" informazioni e dati dagli altri("inquiry") per capire il loro punto di vista
- Forniscono ragioni a supporto delle proprie opinioni

Prendere le decisioni
- Le decisioni sono prese nel rispetto dei tempi
- Le decisioni sono basate su ragioni e dati di business

- Le decisioni sono prese con il consenso facendo attenzione ad adottare la migliore soluzione per tutti
- Ogni membro del team è coinvolto nel processo decisionale o, almeno, totalmente impegnato ("committed") nei confronti della decisione assunta
- Le decisioni importanti sono riviste in base a nuove informazioni

Fare riunioni in modo efficace
- Il tempo è ben gestito
- Sono stabilite le priorità in modo che le questioni importanti siano affrontate per prime
- I piani di emergenza documentano come riallocare le priorità quando i tempi sono stretti
- Il team utilizza controlli regolari e norme di base ("ground rule") per migliorare l'efficacia delle riunioni
- Le riunioni iniziano e finiscono in tempo

Apprendimento/Feedback
- Controlli formali sono eseguiti regolarmente per identificare le opportunità di miglioramento
- Tutti i membri contribuiscono ai controlli formali
- I membri del team suggeriscono miglioramenti all'inizio dell'attività o del progetto
- Le persone suggeriscono liberamente miglioramenti in qualsiasi momento
- Viene previsto del tempo per i controlli "successivi" alla fine di ogni riunione o attività

alla quale le persone possono indicarsi l'un l'altro i propri comportamenti "difensivi" (rifiutare i feedback, ignorare il punto di vista degli altri, ecc.). Ma fate attenzione. Criticare il comportamento di una singola persona è più rischioso che commentare il comportamento del team. È necessario sviluppare molta fiducia e rispetto all'interno del team ed eliminare molti comportamenti difensivi prima di passare a questa fase.

Riepilogo del capitolo 7

• *Le persone hanno abitudini; le organizzazioni hanno norme.*

• *Le norme influenzano il comportamento personale e organizzativo più di quanto normalmente non si creda.*

• *Un leader efficace capisce come si sviluppano le norme ed esercita questa conoscenza per sostituire le norme inefficaci o controproducenti.*

— 8 —

Livelli di cambiamento

NEI CASI studio descritti in questo libro, si è visto quanto può essere difficile per le persone cambiare il comportamento *individuale*. Ancor più difficile è cambiare il comportamento *organizzativo*. Ecco perché sottolineiamo la necessità di lavorare innanzitutto sulle capacità individuali, quindi allargare il proprio orizzonte per includere collaboratori e pari livello prima di provare a raggiungere un più ampio cambiamento culturale. Il percorso dal punto di partenza a quello di arrivo va dalla crescita personale all'efficacia organizzativa. Ecco alcuni esempi di cambiamenti per ciascuno di questi livelli:

Singolo

- Aumentare la consapevolezza di sé
- Approfondire la capacità di autogestione
- Aumentare le capacità personali
- Fornire un linguaggio comune per parlare di leadership

• Aumentare la comprensione del potere e dell'influenza delle norme di gruppo

Team

• Sfruttare i vari talenti presenti nel team

• Stabilire una cultura di apprendimento continuo

• Raggiungere la sinergia del team

• Stabilire norme del team molto performanti

Organizzazione

• Creare un contesto organizzativo capace di apprendere (*"learning organization"*)

• Ottenere l'impegno e il coinvolgimento (*"commitment"*)

• Creare allineamento

• Promuovere una collaborazione trasversale tra i team (**"cross-team collaboration"**)

• Creare sistemi a sostegno delle strategie sia previste sia in procinto di essere sviluppate per incrementare quanto più possibile il valore della società per gli azionisti

La sequenza di questi livelli è voluta. Occorre avere un po' di esperienza nel provare a cambiare il proprio comportamento, fase che richiede input da coloro con cui lavoriamo a stretto contatto, per poi lentamente espandere il cambiamento all'interno della propria sfera d'influenza per modificare quanto più aspetti possibili dell'azienda. Se siete un supervisore "di prima linea", ovviamente la vostra opportunità di creare un cambiamento sarà minore di quella di un vice presidente o di un CEO.

Indipendentemente da quanto sia effettivamente grande la vostra sfera d'influenza, fate attenzione man mano che andate avanti. Un'imposizione discendente (top-down) delle idee genera condiscendenza ("compliance")e non impegno e coinvolgimento ("commitment"). Un equivoco comune consiste nel ritenere che esercitare pressione e "prendere il controllo" risolvano il problema. In realtà, spesso è vero il contrario. Un approccio migliore consiste nel riconoscere il potere degli atteggiamenti esistenti e delle norme che guidano l'organizzazione, e ricorrere ad un dialogo aperto e al feedback per guadagnarsi il consenso e un impegno autentico.

Iniziate con regolari sessioni di feedback incentrate sul vostro comportamento e quello dei vostri diretti riporti: queste sessioni possono ridurre l'auto inganno e costruire una cultura di miglioramento personale continuo. Stabilite dapprima una norma all'interno del vostro team ristretto, quindi successivamente espandetela alla vostra divisione o unità, fornendo e ricevendo feedback personali costruttivi in grado di creare un ambiente 9,9 positivo, di apprendimento continuo. Rendetevi conto che per l'azienda il vostro comportamento vale più delle vostre parole. È essenziale che i risultati di queste sessioni siano messi per iscritto. Un semplice documento di una pagina, su tre colonne è sufficiente (vedere la Figura 17).

Figura 17: Esempio di scheda per il follow-up dei feedback

Membro del team	Azioni da intraprendere	In che modo il team sarà d'aiuto
Marianne	Sviluppare capacità di richiesta d'informazioni ("inquiry")	Fornirle feedback quando si sposta in una modalità "discorsiva" ("telling")
Stephan	Delegare ai subordinati	Karl agirà come coach; gli altri membri del team gli offriranno dei semplici richiami

Definite obiettivi specifici per il team quali, ad esempio, "per il nostro prossimo progetto, ci misureremo rispetto alla definizione degli obiettivi" oppure "nei prossimi due mesi, miglioreremo l'efficacia delle nostre riunioni." Poi discutete di come il vostro team attualmente gestisce quell'aspetto su cui avete definito l'obiettivo specifico e cosa vorreste essere in grado di fare meglio.

Introducete un'attenzione continua al cerchio comportamentale relativamente a ogni interazione significativa che si svolge all'interno dell'organizzazione. In questo modo, affrontare le questioni comportamentali diventerà parte integrante di riunioni, sessioni di pianificazione, revisioni della performance mensili, ecc. (cioè una norma). Trasformare se stessi e l'organizzazione è difficile. Non un singolo feedback o una sessione isolata di *team-building* riuscirà a creare un team 9,9 altamente funzionale. Tutti devono *fare esercizio*, proprio come le squadre sportive.

Riepilogo del capitolo 8

- *Sviluppare comportamenti di leadership più efficaci comporterà una profonda influenza su di voi, sul vostro team o gruppo di lavoro, e sull'organizzazione.*

- *È meglio iniziare su piccola scala, cercando modi per migliorare a livello individuale (probabilmente, coinvolgendo dei pari livello e membri del gruppo nel fornire feedback).*

- *Non provate ad implementare cambiamenti radicali a livello aziendale fino a quando non avrete del tutto compreso quali politiche, prassi e norme esistenti aiuteranno o impediranno i cambiamenti.*

CONCLUSIONI:

Efficacia personale e dell'organizzazione

In una multinazionale che implementa il programma o metodologia cosiddetta Six Sigma a livello globale (il Six Sigma è un programma di gestione della qualità che mira all'eliminazione dei difetti e degli sprechi piuttosto che al semplice miglioramento della prestazione media), una divisione si distingue per un successo strepitoso, mentre un'altra sembra aver sviluppato una serie di iniziative Six Sigma scarsamente integrate nella gestione quotidiana del business. Un situazione simile si è era già riscontrata nel settore alberghiero, in cui una catena d'hotel presentava alcuni alberghi con risultati Six Sigma eccellenti e altri, invece, in una fase di stallo.

Da un'analisi condotta dai top leader di queste aziende emergeva che i manager incaricati del programma Six Sigma (denominati Champion) nelle divisioni o hotel che avevano avuto successo erano molto abili nell'esercitare la loro influenza. Erano chiari e coerenti nel comunicare le priorità associate al programma Six Sigma. Lavoravano a stretto contatto con tutti i responsabili delle varie funzioni e divisioni aziendali al fine di accertarsi che le iniziative Six Sigma fossero connesse agli obiettivi di business specifici che i vari responsabili funzionali avevano.. Discutevano le barriere con costoro e, ove occorreva, cambiavano le politiche o le prassi necessarie per incoraggiare o premiare nuovi comportamenti; fornivano coaching e guida a tutti gli altri attori coinvolti nelle iniziative Six Sigma. Di conseguenza questi Champion avevano creato nuove "norme" che promuovevano l'impegno dei dipendenti verso la nuova metodologia e rendevano probabile il fatto che i questi ultimi contribuissero con nuove idee in quanto sapevano che le loro idee venivano attentamente analizzate e attuate, se fattibili.

È interessante notare che i Champion responsabili delle iniziative Six Sigma che avevano riscosso meno successo erano brillanti quanto le loro controparti di successo per quanto riguarda la comprensione del programma Six Sigma. Si erano tuttavia dimostrati inferiori nella capacità di integrare il Six Sigma nel lavoro quotidiano delle funzioni e divisioni aziendali di cui si occupavano. Alcuni di loro erano tipici leader 9,1 che si aspettavano che le persone semplicemente seguissero il loro esempio a seguito della loro posizione di Champion. Altri semplicemente non facevano attenzione alla componente comportamentale dell'implementazione; elaboravano e proponevano i loro piani d'azione e si aspettavano che gli altri li realizzassero senza esitazione.

# # #

Nei primi anni '90, una multinazionale che produceva generi di consumo iniziò un programma per migliorare i propri "sistemi di gestione delle persone." Il cambiamento nel modo di collaborare del management fu immediato. In seguito ad un approfondito esame della struttura della società (un controllo incrociato che sfidava gli esistenti modelli mentali relativamente al modo in cui la società doveva operare), il management decise che il quartier generale centrale (compresa la maggior parte dei posti di lavoro dello stesso management team coinvolto nel processo decisionale) fosse semplicemente inutile, e che la società poteva operare più efficacemente senza alcuni livelli di burocrazia della sede centrale. La decisione non era dettata dalla qualità del lavoro svolto al quartier generale, in quanto gli uffici centrali lavoravano con un elevato livello di collaborazione ed efficacia, grazie ad una intensa formazione sulla leadership. Eppure, la decisione migliore per la società era di smantellare in gran parte questi uffici. Circa 9 mesi prima del cambiamento, a tutti fu comunicata la decisione. La società mantenne lo staff informato per tutto il tempo, offrì posti di lavoro in altri luoghi a chi era disponibile al trasferimento e una buona liquidazione a chi non voleva spostarsi. Tutti collaborarono alla transizione, e quel difficile compito, alla fine, fu risolto nel modo giusto.

Per contro, alcuni anni dopo, i nuovi proprietari di un'azienda globale decisero un ridimensionamento. Un venerdì, licenziarono semplicemente il 20% del personale senza preavviso, e senza liquidazione per i dipendenti non iscritti ai sindacati. Non stupisce che malgrado gli utili dell'ordine di miliardi di dollari, alla fine questa azienda sia fallita.

# # #

Le organizzazioni che mettono in atto una formazione superficiale sul lavoro di squadra tendono ad avere processi di gestione che assomigliano molto a bambini che giocano a calcio piuttosto che adulti competenti che gestiscono un'azienda. Le persone corrono tutte insieme inseguendo il pallone, con scarsa considerazione delle loro posizioni sul campo. Ad esempio, lunghe riunioni sono la norma poiché tutti vogliono essere coinvolti nel processo decisionale e nella pianificazione, indipendentemente dal fatto che possano influenzare o essere influenzati dalle decisioni.

Questi tentativi superficiali di lavoro di squadra sono soggetti ad altri pericoli. Le organizzazioni hanno la tendenza ad oscillare da una rigida cultura 9,1 ad una troppo tenera di tipo 1,9. Si assiste a un contraccolpo determinato dalla gestione tirannica; vengono assunti manager "umani"; i sistemi di gestione della performance vengono modificati per favorire gli individui con forti capacità umane. Le organizzazioni che oscillano verso questo estremo vedono l'istituzione di una diversa forma di conformità: c'è una dose di atteggiamento difensivo altrettanto forte che nella cultura 9,1, solo che adesso è concentrata sull'importanza di prendersi cura delle persone e mantenere l'armonia.

IN QUESTA ricerca di prestazioni e risultati sempre maggiori, i leader a tutti i livelli si sono tradizionalmente rivolti alle teorie sulla gestione, ai processi e alle tecniche volte ad aiutarli a risolvere problemi strategici, sviluppare una visione, o migliorare la qualità dei sistemi. Eppure molti di questi stessi manager sono riluttanti all'uso di teorie e prassi comportamentali comprovate per la risoluzione di alcuni dei più spinosi problemi da affrontare, quelli che interessano le questioni relative alle "persone".

Questa riluttanza è parzialmente radicata nel disagio che molti avvertono nel gestire le relazioni personali in ambito lavorativo. Molte organizzazioni hanno ancora una cultura secondo la quale un risoluto individualismo, la sindrome dell'eroe, è riverito e premiato. Esiste un'antipatia verso la considerazione per le persone: "le questioni umane" sono considerate un male necessario da sopportare o anche a cui sacrificarsi per raggiungere risultati ad ogni costo.

Nella Prefazione è stato descritto il crescente bagaglio di conoscenze su cui questo libro si fonda: *un* leader che è in grado di comprendere e modellare i comportamenti sarà più efficace sul lungo termine rispetto a uno che si concentra esclusivamente sulla strategia o addirittura sugli aspetti tecnici dell'esecuzione. Ricorre alla comprensione dei comportamenti per indirizzare la strategia e l'esecuzione (Figura 18):

Figura 18: Il terzo cerchio

Creare comportamenti che promuovono
l'apprendimento e la crescita

I leader efficaci ad ogni livello possono lavorare per migliorare l'efficacia delle interazioni nella loro organizzazione:

- Utilizzando la Griglia Manageriale e l'apprendimento a doppio senso per comprendere i propri punti forti e quelli deboli

- Utilizzando il concetto della finestra di Johari per apprendere di più su se stessi e consentire agli altri di partecipare al modellamento delle proprie conoscenze e decisioni

- Diventando un *"role model"* nella propria sfera d'influenza; creando ambienti all'interno di tale sfera che incoraggiano idee e feedback

- Comprendendo l'influenza delle norme di gruppo e come queste si formano, e ridefinendo tali norme a sostegno di un comportamento di leadership 9,9 da parte di tutti i dipendenti nella propria sfera d'influenza.

Questi passaggi devono essere compiuti *non* per sentirsi bene con se stessi, ma perché funzionano. L'attuazione dei cambiamenti dentro di noi, nei nostri team e nella nostra azienda produrrà un profondo effetto sulla capacità dell'organizzazione di raggiungere i propri obiettivi e rimanere competitiva. I leader inefficaci, quali i "CEO che non ce la fanno," rimangono impantanati nello smentire se stessi e gli altri. Rimangono incollati all'apprendimento a senso unico, intrappolati dalle loro percezioni e conoscenze limitate.

Sostenere il cambiamento a livello organizzativo

La questione di raggiungere e sostenere un cambiamento a livello organizzativo è una delle maggiori sfide che ogni executive si trova ad affrontare. Ad esempio, quando vengono assunti da una nuova società, gli executive si devono inevitabilmente confrontare con norme ben radicate: "questo è il modo in cui si lavora qui." Le persone raramente sono disponibili ad ascoltare critiche o suggerimenti dagli estranei. Può essere chiaro al nuovo manager cosa occorre fare, ma la cultura consolidata è radicata nei modi di agire.

I leader gestiscono questa sfida in molti modi. Alcuni effettuano una pulizia, portando persone nuove, specialmente in ruoli di cardinale importanza, per sostituire la vecchia guardia; altri adottano processi superficiali di change management, assumendo consulenti esterni che realizzino il cambiamento al posto loro. La ricerca e la nostra personale esperienza mostrano che entrambi questi approcci normalmente producono risultati deludenti.

Un approccio che richiede uno sforzo maggiore nel breve termine ma che è di gran lunga più efficace nel lungo termine consiste nello sviluppare competenza nel gestire la propria sfera d'influenza e ridefinire le norme dell'organizzazione. Riconoscere che potete prendere il controllo sulla forte mano silenziosa della vostra cultura organizzativa e fonderla per produrre eccellenza. Intraprendere misure per educare la vostra organizzazione sulla ricchezza di studi e ricerche disponibili in questo campo. Utilizzate queste idee per stabilire delle policy. Fate formazione per aumentare le capacità di *"inquiry"* e l'abilità di implementare i presupposti del Modello II come parte della cultura della vostra organizzazione. Queste strategie consentono di utilizzare il vostro potere e autorità di leader come una forza positiva che favorisce l'efficacia organizzativa invece di ostacolarla.

Un CEO di un'organizzazione che attua il programma Six Sigma lo ha affermato chiaramente in una riunione di top manager. Ha spiegato:

> *Il modo per diventare una grande azienda consiste nel creare un valore per i nostri clienti e i nostri azionisti attraverso i vostri sforzi nel migliorare il modo in cui gestiamo ogni aspetto del nostro lavoro. È attraverso i vostri sforzi che i nostri nuovi processi di sviluppo del prodotto saranno migliorati per realizzare prodotti migliori che soddisfino le esigenze dei nostri clienti. È attraverso i vostri sforzi che i processi di vendite e marketing saranno migliorati. È attraverso i vostri sforzi che i processi saranno migliorati in modo che potremmo ridurre il nostro investimento in magazzino e conto clienti.*

Nel nostro sistema capitalistico (e finora non siamo arrivati ad uno migliore), il segnapunti con il quale ci misuriamo sono i nostri risultati finanziari. Ciò può non essere perfetto, ma è il modo in cui funziona il sistema. Se facciamo un buon lavoro, ciò si rifletterà sui nostri risultati. Quando scegliamo i progetti per migliorare la nostra attività, gestiamo continuamente la tensione tra il breve termine e il lungo termine e fra la gestione del nostro business e allo stesso tempo i tentativi di migliorarlo.

Bibliografia

Argyris, Chris

"Teaching Smart People How to Learn," *Harvard Business Review*, Harvard Business School Press, Jan 2002

Flawed Advice and the Management Trap: How Managers can know when they're getting good advice and when they're not. Oxford University Press, 1999

Organizational Learning II: Theory, Method, and Practice (2nd ed.) [with Donald Schon, Michael Payne], Addison-Wesley Publishing Co., 1996

Knowledge for Action. Jossey-Bass, 1993

Overcoming Organizational Defenses: Facilitating Organizational Learning. Allyn & Bacon, 1990

Bass, Bernard M.

Transformational Leadership: Industrial, Military, and Educational Impact. Lawrence Erlbaum Associates, Inc. 1988

Belbin, Meredith

Management Teams: Why They Succeed or Fail. Butterworth-Heinemann, 1996

Team Roles at Work. Butterworth-Heinemann, 1996 (ristampa)

Bennis, Warren

On Becoming a Leader. Perseus Press, 1994

Leaders: Strategies for Taking Charge [Nanus, Burt (contributo di) et al.], Harperbusiness, 1997

Blake, Robert

Leadership Dilemmas-Grid Solutions [with Anne Adams McCanse], Gulf Professional Publishing Company, 1991

Blake, Robert

Productivity: The Human Side [with Jane S. Mouton], AMACOM, 1982.

Charan, Ram and Geoffrey Colvin.

"What CEOs Fail." *Fortune* 21/06/99.

Curren, Tom

vedere http://www.topteamalignment.com/whyfail.html

Collins, James

Good to Great: Why some companies make the leap and others don't. HarperCollins. 2001.

Built to Last: Successful Habits of Visionary Companies [insieme a Jerry I. Porras], HarperBusiness. 1997

Gardner, Howard

Intelligence Reframed: Multiple Intelligences for the 21st Century. Basic Books, 2000

Frames of Mind: The Theory of Multiple Intelligences. Basic Books, 1993

Multiple Intelligences: The Theory In Practice. Basic Books, 1993

Luft, Joseph omonimo della finestra di Johari, insieme a Harry Ingham]

Group Process: An Introduction to Group Dynamics. Mayfield Publishing Co., 1984

Mintzberg, Henry

The Rise and Fall of Strategic Planning: Reconceiving Roles for Planning, Plans, and Planners. Free Press, 1993

GLI AUTORI

Max Isaac

Max Isaac Max Isaac è uno dei fondatori della società di consulenza 3Circle Partners, un gruppo di consulenti specializzati nel fornire supporto a senior executive e le loro organizzazioni nello sviluppo della leadership e nella creazione e sviluppo dei team. Ha più di 30 anni d'esperienza in general management e consulenza, acquisita in Nord America e Europa.

Ha scritto il capitolo sulla Team Leadership del libro di Mike George, Lean Six Sigma (McGraw-Hill, maggio 2002) e quattro capitoli sul tema del deployment delle iniziative Lean Six Sigma del libro di Mike George, Lean Six Sigma for Service (McGraw-Hill, giugno 2003). È coautore del libro edito da 3Circle Partners, Il terzo cerchio: interazioni che portano al raggiungimento dei risultati.

Prima di passare ad occuparsi di sviluppo organizzativo nel 1989, Max Isaac è stato CFO della divisione vendite della multinazionale The Molsons Coor Canada, in cui ha ricoperto un ruolo primario nella crescita dell'azienda portandola ad un fatturato di più di 1 miliardo di dollari, raddoppiandone in quattro anni le dimensioni, attraverso acquisizioni e crescita interna.

Max Isaac ha studiato alla Witwatersrand University in Sudafrica dove ha conseguito la laurea in economia e commercio e una specializzazione postlaurea. È dottore commercialista tuttora iscritto all'ordine.

Anton McBurnie

Anton McBurnie porta 25 anni di esperienza al gruppo 3Circle Partners. Questa esperienza comprende l'aver lavorato con successo alla crescita, riorganizzazione e gestione di aziende in tutto il mondo.

In Nord America, ha ricoperto le cariche di: Presidente della filiale canadese di Estée Lauder Cosmetics, multinazionale della lista Fortune 500; presidente di Sparks.com, una Internet start-up,; COO di Premier Salons International, una catena di vendita nel settore cosmetico con 1500 punti di distribuzione.

A livello internazionale ha ricoperto diversi ruoli di gestione generale per L'Oréal in Giappone, Hong Kong e Francia, nonché per Procter & Gamble nel Regno Unito.

Forte comunicatore in grado di motivare e fare squadra per raggiungere obiettivi comuni, Anton McBurnie fa leva sulla sua forte esperienza personale e sulle sue competenze di general management a vantaggio dei clienti. Negli ultimi tre anni il suo lavoro ha riguardato importanti programmi d'implementazione Six Sigma a livello globale in società della lista Fortune 500. Si occupa soprattutto di cambiamento organizzativo, introduzione di programmi di rinnovamento culturale aziendale e creazione di team di executive altamente performanti.

Anton McBurnie ha conseguito un MBA in International Business & Marketing presso la London Business School e una laurea in Zoologia & Psicologia presso l'Università di Exeter, Inghilterra.